AF452341

2ᴱ TABLE ALPHABÉTIQUE

DES

MÉMOIRES DE LA SOCIÉTÉ ÉDUENNE

TOMES XXI-XL

(1893-1912)

2ᴱ TABLE ALPHABÉTIQUE

DES

MÉMOIRES DE LA SOCIÉTÉ ÉDUENNE

TOMES XXI-XL

(1893-1912)

AUTUN
IMPRIMERIE DEJUSSIEU ET DEMASY
1913

EXTRAIT DES MÉMOIRES DE LA SOCIÉTÉ ÉDUENNE (NOUVELLE SÉRIE)
TOME XLI (ANNÉE 1913).

2ᴱ TABLE ALPHABÉTIQUE

DES

MÉMOIRES DE LA SOCIÉTÉ ÉDUENNE

TOMES XXI-XL

(1893-1912)

A

ABBAYES. V. *Saint-Andoche, Saint-Jean-le-Grand, Saint-Martin, Sainte-Marguerite.*

ABERCIUS. L'inscription d'Abercius à Hiéropolis et l'inscription grecque chrétienne d'Autun, XXI, 395; XXV, 394.

ABORD (Alfred). Nécrologie, XXXV, 363.

ABORD (Charles). Nécrologie, XXXVIII, 396.

ABORD (Gaston). Dons, XXIV, 468; XXVI, 462; XXXII, 462, 488.

ABORD (Hippolyte). Dons, XXI, 415; XXII, 460, 466; XXIII, 518, 525; XXIV, 431; XXV, 379; XXVI, 436; XXVII, 411, 441; XXVIII, 424; XXIX, 439, 454, 468; XXX, 440, 455, 468, 497; XXXI, 417. Nécrologie, XXXII, 445.

ABORD (Louis). Précis des événements qui se sont passés à Autun, mars-juillet 1815, XXXV, 189.

ABORD (Paul). Nécrologie, XXXV, 365.

ABORD (Raoul). Nécrologie, XXXII, 468.

ABORD-SIBUET (le baron Eugène). Nécrologie, XXII, 445.

ABOVILLE (le baron Christian d'). Don, XXXI, 431.

ABOVILLE (le comte Ernest d'). Nécrologie, XXX, 490.

ACADÉMIE de Mâcon. Centenaire de sa fondation, XXXII, 379. Invitation aux fêtes du millénaire de Cluny, XXXVIII, 417. Visite à la Société Éduenne, XXIV, 442.

1

— 4 —

Accusés. Les accusés de Saône-et-Loire aux tribunaux révolutionnaires, XXVI, 279; XXVII, 85; XXVIII, 191; XXIX, 155.

Actes. Actes de notaires autunois du seizième siècle, XL, 425.

Administration du département de Saône-et-Loire à la fin du Directoire, XL, 9.

Agrafes de ceinturon, XXV, 408; XXVII, 398.

Agriculture. Esquisse de l'histoire économique de l'agriculture autunoise, XXXIV, 207. L'agriculture dans le département de Saône-et-Loire à la fin du Directoire, XL, 62.

Alacoque (Marguerite-Marie) à Paray-le-Monial, XXIII, 254; sa béatification, XXIII, 276.

Albius (dieu). Inscription sur un vase en bronze de Chassenay, XXIV, 437.

Alise-Sainte-Reine. Excursions de la Société Éduenne, XXXIII, 390; XXXIV, 341. Possessions des évêques d'Autun, XXXIII, 400.

Alixan (Guy). Note sur sa famille et sur un livre qui lui était dédié, XXV, 405.

Allen (Percy). Compte rendu de son livre : *Burgundy, the splendid duchy : Studies and sketches in south Burgundy*, XL, 382.

Allerey. Groupe en pierre calcaire de quatre personnages, XXXI, 448.

Alliés. Occupation d'Autun par les alliés en 1814 et en 1815, XXVII, 247; XXX, 1.

Aloxe-Corton. Sépulture gallo-romaine, XXVII, 405.

Aluze. Sceau de Girard, portarius de la viérie d'Autun, XXII, 453; sceau du quinzième siècle et cachet du seizième, XXII, 459.

Amanzé (Jacques d'). Généalogie et armoirie, XXIII, 126.

Ambassade. A travers la Bourgogne, à la suite de l'ambassade ottomane de 1741, XXXVIII, 303.

Amphithéâtre. Substructions de l'amphithéâtre d'Augustodunum, XL, 381.

Amphores. Anses d'amphores signées Augustus, XXXIII, 405: Luc. Trophimi, XXX, 495; Sisn, XXXI, 449. Col d'amphore, signé Catisius, XXXV, 305.

André (saint). Sa statue au musée lapidaire d'Autun, XXIX, 437.

André (Louis). Nécrologie, XXVIII, 400.

André-Robrieux (M. et Mme). Dons, XXXI, 449.

Angerault (Mgr). Son portrait par J.-B. Guignet, XXXI, 447.

Anginieur (Camille). Nécrologie, XXII, 463.

Anneaux. Anneau d'or avec intaille, de la collection d'Espiard, XXXIII, 377. Anneaux en bronze, XXVII, 429; XXIX, 453. Anneau trouvé au pied du mont Drevain, XXV, 408.

Anost. Bronzes gallo-romains du Mont, XXVII, 373. Vierge triptyque, XXV, 384.

Antiphonaire. Manuscrit sur vélin du quinzième siècle, provenant de l'ancienne chartreuse de Champmol à Dijon, XXIX, 448, 453.

Antiquités. V. *Archéologie*.

Anzy-le-Duc. Notice sur le fief du Lac-lès-Anzy en Brionnais, XXXI, 5.

Appliques. Applique circulaire en bronze, XXV, 407. Applique en marbre représentant un génie endormi, XXXI, 448. Applique en marbre au type socratique, XXXV, 366. Statuettes appliques en fonte, XXXI, 447.

Aqueduc de Montdru à Autun, XXIX, 460.

Arcelin (Adrien). Plaquette frappée en son honneur, XXXIII, 330.

Archéologie. Archéologie locale, XXXIV, 311. V. *Agrafes, Amphithéâtre, Anneaux, Appliques, Aqueduc, Autel, Bas-reliefs, Bijoux, Bouterolle, Bronzes, Buste, Camées, Carrières, Casque, Céramique, Chaînettes, Chapiteaux, Cimetières, Clefs, Collections, Colonnes, Compas, Constructions, Couteaux, Creuset, Cuillère, Égouts, Enrayure, Fibules, Fontaines, Fort, Fouilles, Fourreau, Haches, Hipposandales, Hypocauste, Inscriptions, Intailles, Jeux, Lampes, Lance, Latroncules, Maisons, Masques, Médailles, Mesure, Monnaies, Mosaïques, Musée, Nécropoles, Pendentif, Pierres gravées, Pilastre, Pince, Poids, Poignard, Portes, Poteries, Puits, Rues, Sarcophages, Sceaux, Sculptures, Sépultures, Spatule, Statues, Stèles, Tabula lusoria, Tuyère, Vases, Verre, Voies.*

Architecture. Éléments barbares, éléments étrangers, dans l'architecture romane de l'Autunois, XXXV, 279.

Arleuf. Fouilles archéologiques en 1899, XXVII, 407. V. *La Tournelle-en-Morvan*.

Arliguy (l'abbé). Dons, XXV, 387; XXX, 440; XXXI, 432; XXXVIII, 401; XXXIX, 397.

Armée. La force armée dans le département de Saône-et-Loire à la fin du Directoire, XL, 47.

ARMOIRIES. Origine des armoiries du Chapitre de l'église Cathédrale d'Autun, XXI, 384. Écusson en pierre aux armes de Rolin, XXXIII, 369. Écusson en pierre aux armes d'Antoine de Chalon, XXXVI, 376. Cliché aux armes d'Antoine Malvin de Montazet, XXXVII, 395. Moulage d'un écusson aux armes de Rabutin, XXII, 414.

ARMORIAL du Chapitre noble des chanoines séculiers de Saint-Pierre de Mâcon, nommés de 1559 à 1689, XXII, 1 ; XXIII, 93.

ARNAY-LE-DUC. L'arrestation de Mesdames de France à Arnay-le-Duc en 1791, XXXVIII, 424.

ARNOULT (J.-B.). Son procès au tribunal révolutionnaire, XXVIII, 244.

ARVERNES. Les Hæduens et les Arvernes sous la domination romaine, XXVII, 255.

ASSEMBLÉES. Les députés de Saône-et-Loire aux assemblées de la Révolution (1789-1799), XXX, 281 ; XXXI, 141 ; XXXII, 133 ; XXXIII, 181 ; XXXIV, 33 ; XXXV, 43, 404 ; XXXVI, 121 ; XXXVII, 161, 401 ; XXXVIII, 95 ; XXXIX, 23.

ASSISTANCE PUBLIQUE. Un bureau de secours aux incendiés du diocèse d'Autun en 1787, XXV, 333. La Maison-Dieu des Quatre Frères. XXX, 69. La Maison-Dieu de la Varenne d'Igornay, XXVIII, 369. Note sur l'assistance publique dans le département de l'Yonne, XXX, 496. V. Quêtes.

ATTICHY (Louis Doni d'). Son épitaphe, XXIX, 469.

AUBERTIN (Charles). Communications, XXIV, 429 ; XXVII, 405. Dons, XXII, 443 ; XXIII, 541 ; XXV, 407 ; XXVII, 409, 440 ; XXVIII, 392 ; XXX, 440.

AUBESPIN (Antoine de l'). Généalogie et armoiries, XXII, 16.

AUBEUF (le chanoine Nicolas). Nécrologie, XXXVIII, 422.

AUGAGNEUR (François). Son procès au tribunal révolutionnaire, XXVII, 212.

AUGUSTE. Aureus d'Auguste trouvé au grand séminaire d'Autun, XXIII, 516. Petit bronze à son effigie, XXVI, 445.

AUTELS portant l'inscription votive d'un gutuater, XXI, 349, 388, 393.

AUTUME (le vicomte Alfred d'). Nécrologie, XXXVIII, 388.

AUTUN. Les Hæduens et les Arvernes sous la domination romaine, XXVII, 255. Magnence proclamé empereur à Autun, en 350, XXXIV, 1. Note sur une commune jurée à Autun en 1098, XXX, 367. L'église d'Autun pendant la guerre de Cent Ans, XXVI, 1.

La viéric d'Autun en 1425, XXIX, 69. Le bailliage d'Autun en 1475, d'après le procès-verbal de la recherche des feux, XXVII, 279. Un chapitre de l'histoire municipale d'Autun (1523-1542), XXI, 265. Passage des reistres dans l'Autunois en 1569 et 1587, XXI, 37. Jean-Louis Gouttes, évêque constitutionnel du département de Saône-et-Loire, et le culte catholique à Autun pendant la Révolution, XXIII, 365 ; XXIV, 73 ; XXV, 109. La sécularisation de l'état civil à Autun, 2 novembre 1792, XXXIX, 353. Autun en 1814 et en 1815, XXVII, 241 ; XXX, 1. Précis des événements qui se sont passés à Autun, mars-juillet 1815, XXXV, 189. V. *Archéologie, Autunois, Cathédrale, Collégiale, Évêques d'Autun, Familles, Mairie, Météorologie, Municipalité.*

AUTUNITE. Note sur l'autunite, sa découverte et ses propriétés radio-actives, XXXIII, 331.

AUTUNOIS. Liste d'Autunois reçus docteurs de l'université de Ferrare aux quinzième et seizième siècles, XXX, 445. Éléments barbares, éléments étrangers, dans l'architecture romane de l'Autunois, XXXV, 279. Esquisse de l'histoire économique de l'agriculture autunoise, XXXIV, 207. Passage des reistres dans l'Autunois en 1569 et 1587, XXI, 37.

AUXEY. Chef de saint Jean-Baptiste avec inscription à l'église d'Auxey, XXVI, 434. Petit bronze de Tétricus, XXI, 416.

AUXONNE (Guillaume d'). Note sur Guillaume d'Auxonne, évêque d'Autun, 1343-1344, XXXVIII, 297.

AUXY. Médailles de Décence et de Magnence trouvées en 1908, XXXVI, 320, 389. V. *La Porcheresse.*

AVALLON. Ancienne église Saint-Martin, XXXV, 297. Monastère de la Visitation, XXIV, 357. Excursion de la Société Éduenne, XXXV, 329.

AVIGNON. Excursion de la Société Éduenne, XXXIII, 17.

AYMARD (Auguste). Nécrologie, XXVIII, 410.

B

BACQUELOT (François). Son procès au tribunal révolutionnaire. XXVII, 95.

BADET (Antoine-Claude). Nécrologie, XXII, 430.

BAGÉ (Étienne de). Première édition de son traité *De sacramento altaris*, XXXVI, 322.

Bailliage d'Autun en 1475, d'après le procès-verbal de la recherche des feux, XXVII, 279.

Ballereau (l'abbé François). Nécrologie, XXXVII, 384.

Ballivet (Eugène). Don, XXIX, 439.

Balmondière (Tonduti de La). Une famille mâconnaise durant la Terreur, les Tonduti de La Balmondière, XXXVIII, 424.

Barault (Nicolas-Jean). Ses malversations à la mairie d'Autun et sa destitution, 1735-1737, XXXVIII, 428.

Barbentane (Mme la comtesse Roger de). Nécrologie. XL, 419.

Barbey (Frédéric). Don, XXXIX, 402.

Barillot (Joseph). Don, XXX, 488.

Barois (Philippe). Son procès au tribunal révolutionnaire, XXIX, 164.

Baron (Antoine). Son procès au tribunal révolutionnaire, XXVII, 150.

Baron. V. *Vieillard-Baron*.

Barrière (Pierre de), évêque d'Autun, cardinal, et son rôle pendant le grand schisme d'Occident, XXVI, 147.

Barthélemy. Note sur Barthélemy, évêque d'Autun, XXVIII, 105.

Bas-reliefs. Bas-relief du douzième siècle, représentant une Assomption, XXXV, 376. Note sur des bas-reliefs gallo-romains trouvés à Broye, XXI, 419. Observations critiques sur les bas-reliefs de Mavilly, XXVII, 357 ; XXVIII, 377.

Batault (Joachim). Nécrologie, XXXVII, 376.

Baudemont. Découvertes archéologiques en 1894, XXII, 432.

Baudet (Guillaume.) V. *Auxonne (Guillaume d')*.

Baudinot (Claude-François). Député suppléant du bailliage de Charolles à l'Assemblée constituante, XXXI, 244.

Baudot (A.) Don, XXXIII, 370.

Baudot (Marc-Antoine). Député de Saône-et-Loire à l'Assemblée législative et à la Convention, XXXII, 245 ; XXXIV, 83 ; XXXIX, 102.

Baugy. Église Saint-Ponce, XXXV, 299.

Baume de Montrevel (Comte de La). V. *Montrevel*.

Bauzon (l'abbé). Nécrologie, XXI, 393.

Bauzon (Pierre-François). Député élu de Saône-et-Loire au Conseil des Cinq-Cents, XXXVIII, 95.

Bayle (Paul). Dons, XXI, 391 ; XXII, 414.

Bazin (J.-L.). Mémoires, XXIX, 33; XXX, 85. Don, XXX, 467.

Beaubery. Excès des guerres de religion à Corcheval et au Terreau, de 1569 à 1593, XXXVIII, 415.

Beaune. Excursion de la Société Éduenne, XXXI, 315. Monastère de la Visitation, XXIV, 345.

Bel (Adolphe). Don, XXII, 460.

Belime (Henri). Don, XXXVII, 397, 399. Nécrologie, XXXVIII, 419.

Belle (Pierre-François). Son procès au Tribunal révolutionnaire, XXVII, 202.

Bellœuf (Paul). Nécrologie, XXXVI, 380.

Berger (l'abbé Jacques). Nécrologie, XXIII, 522.

Bernard de Sassenay. V. Sassenay (Marquis de).

Bernard de Montessus. V. Rully (Comte de).

Bernigaud de Granges (Jean-Louis). Député du bailliage de Chalon à l'Assemblée constituante, XXXI, 188. Son procès au Tribunal révolutionnaire, XXVIII, 275.

Berry (l'abbé L.-C.). Communications et mémoires, XXII, 295; XXIII, 241; XXIV, 301. Dons, XXII, 460 : XXIII, 534; XXV, 379.

Berry (l'abbé Philippe). Nécrologie, XXI, 406.

Berthier (Victor). Dons, XXI, 416; XXII, 413: XXIII, 524; XXIV, 441; XXV, 398; XXVII, 430; XXXIII, 346; XXXVI, 390; XXXIX, 396.

Bertucat (Auguste). Nécrologie, XXXVI, 378.

Bertucat (Mathieu-Nicolas). Député de Saône-et-Loire à la Convention, XXXV, 43.

Besseret (Charles de). Généalogie et armoiries, XXIII, 135.

Beuvray (le Mont). Allocation pour les fouilles, XXII, 463. Fouilles, de 1894 et 1895, XXIII, 493; XXIV, 1. Supplément aux fouilles, XXVII, 1. Fouilles de 1897 à 1901, XXXII, 1. Inventaire général des monnaies antiques recueillies au Mont Beuvray de 1867 à 1898, XXVII, 313. Monnaies gauloises et romaines, XXIII, 528. Médaille de Diasulos et pierre gravée, XXVII, 395, 398. Figurine de bronze découverte en 1905, XXXIV, 261. Pierre gravée en calcédoine, représentant un corbeau, XXVII, 395, 398. Tuyère gauloise, XXIV, 429. Agrafe de ceinturon en fer avec ressort, XXV, 408. Couvent des Cordeliers, XXV, 386. Impressions de voyage de M. W. Morton-Fullerton, XXXI, 438. Inauguration du monument commémoratif des fouilles de Bibracte, XXXI, 355. La fête de Bibracte, XXXVII, 387. V. Bibracte.

BIBLIOGRAPHIE. Bibliographie locale, XXXIV, 311.

BIBLIOTHÈQUES. Bibliothèques des établissements du culte supprimés à Autun, XXXV, 366. V. *Catalogues, Guilliaud, Incunables, Lyon, Mallard, Manuscrits, Mare (La), Quercize (de), Séminaire, Toulouse, Troufflaut.*

BIBRACTE. Note sur le *Caesar's conquest of Gaul* de M. Rice-Holmes, XXIX, 434. V. *Beuvray.*

BIDAULT (Eugène). Dons, XXIV, 432; XXVII, 441. Nécrologie, XXVI, 448.

BIENFAISANCE. V. *Assistance publique, Quêtes.*

BIGARNE (Charles). Don, XXII, 413.

BIGONNET (Jean-Adrien). Député de Saône-et-Loire au conseil des Cinq-Cents, XXXVII, 249.

BIJON DU BROUILLAT (Claude-Henri). Député de Saône-et-Loire à l'Assemblée législative, XXXII, 187 ; XXXIX, 98.

BIJOUX. Note sur un pendentif romain en or, trouvé à Autun, et sur des bijoux analogues de l'époque romaine, XXXVIII, 355.

BISCAÏEN provenant du siège d'Autun, en 1591, XXIII, 535.

BISFRANC ou BIZEFRANC DE LAVEAUX (Étienne MAYNEAUD DE). V. *Mayneaud de Bisfranc* ou *Bizefranc de Laveaux.*

BIZOUARD (l'abbé Jacques-Théodore). Nécrologie, XXIII, 513.

BLANOT. Ancien tabernacle de l'église, XXXIV, 375.

BLANVILLAIN (Alexandre). Nécrologie, XXXVIII, 412.

BLOT (de CHOVIGNY dit de), Généalogie et armoiries, XXII, 67.

BOELL (Charles). Communications et mémoires, XXX, 1, 464; XXXI, 301, 355, 444; XXXII, 430, 437; XXXIII, 315; XXXIV, 199, 267, 312, 315, 329, 359, 394; XXXV, 117, 261, 314, 329, 339, 401; XXXVI, 283, 339, 349; XXXVII, 27; XXXVIII, 249, 424; XXXIX, 109, 350, 366, 367, 410; XL, 227, 380. Dons, XXXII, 443; XXXIV, 376; XXXVI, 370; XL, 400.

BOIROT (Max). Communications et mémoires, XXXVII, 1; XL, 413. Don, XXXIX, 403.

BON (le Dr Henri). Compte rendu de son *Essai historique sur les épidémies en Bourgogne,* XL, 427. Don, XL, 429.

BONAPARTE (Joseph). Lettre à la municipalité d'Autun, XXXIV, 315.

BONIFACE (Henri). Communication, XXI, 399. Nécrologie, XXXV, 381.

BONNAMOUR (l'abbé Lazare). Nécrologie, XXXVII, 382.

Bonnin (Mgr Pierre). Communication, XXXIII, 331. Dons, XXIV,
432; XXXVI, 385.

Bontin (Henri de Gislain de). Dons, XXIV, 431; XXVI, 446; XXXI,
418; XXXVIII, 400, 401.

Borvo. Inscription au dieu Borvo, trouvée à Bourbon-Lancy en
1912, XL, 413.

Bost (Le). La tour du Bost, XXVIII, 111; XXIX, 371; XXXI, 247;
XXXIII, 97.

Boudault (René). Son procès au tribunal révolutionnaire, XXVII,
194.

Bougenot (Jean). Son procès au tribunal révolutionnaire, XXVII,
209.

Bourbon (Charles de). Moulage du sceau de sa régale sur l'évêché
d'Autun, XXXV, 375.

Bourbon-Lancy. Cercueils, poteries et fragment d'inscription à
Borvo et Damona, découverts en 1912, XL, 413. Collégiale Saint-
Nicolas de la Prée-sous-Arcy, XXII, 181. Église Saint-Nazaire,
XXXV, 292. Monastère de la Visitation, XXIV, 309. Notice sur un
reliquaire attribué à l'époque carolingienne et contenant une
phalange d'un doigt de saint Léger, évêque d'Autun, XXXVII,
1, 370.

Bourdier (l'abbé). Nécrologie, XXVII, 402.

Bourgogne. La Bourgogne sous les ducs de la Maison de Valois
(1361-1478), XXIX, 33; XXX, 85. La Bourgogne et la Saxe (1451-1454),
XXV, 1. A travers la Bourgogne à la suite de l'ambassade otto-
mane de 1741, XXXVIII, 303. Voyages de Courtépée dans la
Province de Bourgogne, en 1776 et 1777, XXI, 63; XXII, 211;
XXIII, 71.

Bourgogne (Émile). Nécrologie, XXVI, 451.

Bouroux (Jean). Son procès au Tribunal révolutionnaire, XXVII,
194.

Boussin (François). Député élu de Saône-et-Loire au Conseil des
Cinq Cents, XXXVIII, 104.

Bouterolle. Note sur une bouterolle de fourreau gallo-romain
trouvée à Autun, XXXI, 337.

Boutière (Georges de La). Édition de 1587 de sa traduction des
Problèmes d'Aristote, XXVIII, 389.

Bouvet (A.). Don, XXV, 398.

Boze (le P.). Ses œuvres manuscrites, XXXVIII, 430.

Bozot (Philibert). Son procès au Tribunal révolutionnaire, XXIX, 159.

Brancion (Philibert de). Généalogie et armoiries, XXII, 56.

Brandon. Le château et les seigneurs de Brandon, XXVIII, 1. Sépultures du haut moyen âge, découvertes en 1906, XXXIV, 389.

Brazey-en-Plaine. Stèle funéraire, XXVII, 410.

Bredault (l'abbé Guillaume). Ses œuvres inédites, XXXIX, 358.

Brenot (Albert). Un numismate autunois en 1736, XXXVII, 347.

Bresse (Pierre Chevalier de). V. *Chevalier de Bresse.*

Breuil (Le). Notice sur l'église et l'ancienne croix du Breuil, XXV, 321. Montvaltin, XXXVII, 283.

Bréviaire. Note sur un bréviaire éduen manuscrit du quinzième siècle, XXXI, 135. Édition de Rouen de 1507, XXV, 395.

Brézé (le maréchal de). Sa correspondance diplomatique et militaire (1632-1649), XXIII, 329 ; XXIV, 203.

Brigands. La grand'peur des brigands à Autun en 1789, XXI, 396.

Brigaud (Jacques). Son procès au tribunal révolutionnaire, XXVI, 393.

Brion. Découverte archéologique en 1903, XXXI, 410.

Brionnais. Journal de Jean Gregaine, bourgeois de Marcigny, pendant les guerres de la Ligue en Brionnais (1589-1596), XXXVIII, 1. Notice sur le fief du Lac-lès-Anzy en Brionnais, XXXI, 5. Les sources de l'histoire du Brionnais, XL, 325.

Brisecou, près Autun. Note sur une fabrique de formes de chaussures à Brisecou en 1833, XXVII, 403.

Bronzes. V. *Anneaux, Appliques, Chaînette, Clefs, Compas, Cuillère, Fibules, Haches, Lampes, Lance, Médailles, Monnaies, Situle, Spatule, Statues, Vases.*

Brouillard (Charles-Pierre). Son procès au tribunal révolutionnaire, XXVIII, 261.

Brouillat (du). V. *Bijon du Brouillat.*

Broye. Bas reliefs gallo-romains, XXI, 419. Sculptures provenant de la démolition de l'ancienne église, XXXVII, 394.

Bruel (Alexandre). Mémoire, XXVI, 171.

Brumaire, État du département de Saône-et-Loire à la veille du 18 brumaire, XL, 1.

Brunet (le colonel Jean). Dons, XXXIII, 345 ; XXXVII, 375. Nécrologie, XXXVII, 367.

Bufnoir (Claude). Dons, XXVI, 444; XXVIII, 392. Nécrologie,
XXVI, 432.

Bulliot (Antoine). Dons, XXXIII, 336, 369.

Bulliot (Gabriel). Sa collection, XXIII, 533; XXIV, 432; XXX, 488;
XXXI, 446-449; XXXV, 366. — Communications et mémoires,
XXI, 1, 20, 159, 407; XXII, 393, 406; XXIII, 493, 528; XXIV, 1, 63,
417, 428, 429, 436; XXV, 45, 375; XXVI, 137; XXVII, 1, 57, 307,
357, 395; XXVIII, 111, 349, 377, 421; XXIX, 145, 371; XXXI, 247;
XXXIII, 97. — Dons, XXI, 391, 429; XXII, 415, 427, 435, 461;
XXIII, 540; XXIV, 432, 441, 468; XXV, 397, 407; XXVI, 438, 453,
463; XXVII, 410, 428, 429, 441; XXVIII, 423; XXIX, 438, 452;
XXX, 468, 478, 496. — Élu correspondant de l'Académie des Inscriptions et Belles Lettres, XXIX, 431. — Allocution prononcée
à ses obsèques par S. Em. le cardinal Perraud, XXIX, 423. Notices
nécrologiques, XXX, 431, 483. Inauguration de son buste à Autun,
XXXI, 355. Sa vie et son œuvre, par A. de Charmasse, XXXI, 21;
XXXII, 265; XXXIII, 143, 401.

Bulliot (l'abbé Jean). Don, XXXIII, 379, 404.

Bullock-Hall. Ses recherches sur la voie Aurelia de Rome à Arles,
XXVI, 436.

Bure (Albert de). Nécrologie, XXXIV, 367.

Burignot de Varenne (Jacques-Philibert). Député du bailliage de
Chalon à l'Assemblée constituante, XXXI, 155.

Busseul (Charles et François de). Généalogies et armoiries. XXIII,
104, 131.

Bussière (La). Aureus de Domitien trouvé en 1908, XXXVII, 345.

Bussy-Rabutin (Roger de). Son contrat de mariage, XXV, 65. Sa
seigneurie de Chaseu, XXXVI, 19.

Bussy-Rabutin. Excursion de la Société Éduenne, XXXIV, 329.

Buste. Buste en bois de saint Pierre au musée de l'hôtel Rolin,
XXXIV, 374.

C

Caillot (Guillaume). Son procès au Tribunal révolutionnaire,
XXVII, 227.

Caillot (Robert). Un amateur d'orgues en 1428, XXXVI, 333.

Calice. Moule orbiculaire d'un pied de calice en verre, XXII, 442;
XXVII, 47.

CALONNE (le comte René de). Don, XXVI, 463.

CAMBRAY (Antoine). Don, XXIII, 524.

CAMÉES. Note sur un camée représentant Athena, trouvé à Autun en 1832, XXIX, 433, 439. Camée de la collection Creusot, XXI, 410.

CANAL. Deux documents sur le canal du Centre, XXVI, 259.

CANET (Adolphe). Dons, XXVII, 408; XXIX, 439; XXXIV, 375; XXXVIII, 401; XL, 384.

CARAUSIUS. Petit bronze à son effigie, XXXVII, 339.

CARIN. Petit bronze à son effigie, trouvé à Autun, XXXIV, 318.

CARNOT (le capitaine Sadi). Compte rendu de son ouvrage : *les Volontaires de la Côte-d'Or (1789-1796)*, XXXIV, 359. Dons, XXVI, 453; XXVII, 441; XXIX, 470; XXX, 468; XXXIV, 359 et 362.

CARRA (Jean-Louis). Député de Saône-et-Loire à la Convention, XXXIII, 217; XXXIX, 102. Son procès au tribunal révolutionnaire, XXVI, 322.

CARREAUX. Carreaux de pavage en verre peint, provenant de la chapelle du prieuré de Saint-Sauveur, XXXVII, 397.

CARRIÈRES. Recherches sur les gisements ou carrières d'où ont été extraits les matériaux constituant le petit appareil de revêtement dans les constructions romaines d'Autun, XXXIII, 1.

CARTULAIRE de l'Église d'Autun, mentionné à l'Académie des inscriptions et belles-lettres, XXIX, 452.

CASQUE votif en bronze, XXVIII, 359.

CATALOGUES. Catalogue des incunables de la bibliothèque publique d'Autun, XXXIX, 109. Supplément au catalogue de la bibliothèque de Claude Guilliaud, chanoine d'Autun, XXXVIII, 219.

CATHÉDRALE. La Cathédrale Saint-Lazare d'Autun en 1705, XXXIV, 157. La Cathédrale Saint-Nazaire en 1705, XXXIV, 185. V. *Champallement, Chapitre, Cloche, Mausolée Jeannin, Pallium sericum, Prédicateurs, Reliquaire, Tombeau de saint Lazare.*

CATHERINE (sainte). Sa statue en marbre à l'hôtel Rolin, XXVIII, 423.

CENSITAIRES. Une grève de censitaires à Paray-le-Monial en 1383, XXXV, 29.

CENTENAIRE. Le centenaire de l'Académie de Mâcon en 1905, XXXIII, 379.

CÉRAMIQUE. V. *Amphores, Estampilles, Masques, Poteries, Statues, Urne, Vases.*

CERTENUE (LA). La fête de la Certenue, XXXVII, 388.

CERVE (Antoine-Louis DESVIGNES DE LA). Son procès au tribunal révolutionnaire, XXIX, 238.

CÉZARD (Louis). Son procès au tribunal révolutionnaire, XXVIII, 292.

CHABAS (François), Inauguration de son buste à Chalon-sur-Saône, XXVII, 413, 436.

CHAGOT (Léonce). Nécrologie, XXI, 418.

CHAIGNON (le vicomte Henri de). Communications et mémoires, XXXIII, 1 ; XXXVIII, 398. Compte rendu de son *Catalogue raisonné des roches et minéraux du Morvan*, XL, 427. Dons, XXVII, 398 ; XXVIII, 408 ; XXIX, 455 ; XXXI, 449 ; XXXII, 488 ; XXXIII, 369 ; XXXV, 390 ; XL, 427 et 428.

CHAILLET (l'abbé Jean-Baptiste). Compte rendu de son livre : *l'Abbé Beraud, ancien curé de Blanzy et de Montceau-les-Mines, fondateur d'orphelinats*, XL, 398. Don, XL, 398, 400.

CHAINETTES. Chainette en bronze, trouvée à Autun, XXVII, 429. Chaînette en or, attachée à une lance de l'âge du bronze, XXXI, 1.

CHAISE (François de LA). François de La Chaise et les origines du Creusot, XXIV, 51.

CHALMASEL (Hector de TALARU de). Généalogie et armoiries, XXIII, 189.

CHALON (Antoine de). Écusson en pierre à ses armes, XXXVI, 376. Page miniaturée du second volume de son *Pontifical*, XXXI, 446.

CHALON (François et Pierre-Marie de). Note sur leur famille et sur une maison qu'ils possédaient à Autun, rue de Riveau, XXI, 399.

CHALON-SUR-SAONE. Monastère de la Visitation, XXIII, 297. Note sur le sceau de la collégiale de Saint-Georges, XXIV, 35. Voyage de Courtépée, XXIII, 86.

CHAMBORRE (Jean-Baptiste). Député de Saône-et-Loire à la Convention et au Conseil des Cinq Cents, XXXV, 91 ; XXXVII, 197 ; XXXIX, 107.

CHAMPAIGNE (Antoine), peintre verrier de Digoin, XXIII, 538.

CHAMPALLEMENT. Fondation de la messe de Champallement à la cathédrale d'Autun par Oudart de Lespinace, XXXV, 307.

CHAMPDOSTRE-LÈS-AUXONNE. Réplique de l'Hermès de Praxitèle, trouvée à Champdostre en 1886, XXIV, 428, 432.

CHAMPEAUX (Ernest). Compte rendu de sa brochure : *la Compilation de Bouhier et les Coutumiers bourguignons du quinzième siècle*, XXXV, 399. Dons, XXXVI, 371 ; XXXVIII, 402 ; XL, 413.

CHAMPEAUX (Bernard de). Don, XXXII, 417.

Champeaux (Georges de). Don, XXI, 391. Mémoire, XXI, 47. Notice biographique, XXIV, 417.

Champeaux (Joseph de). Dons, XXXII, 416; XXXIV, 362; XXXV, 370.

Champitaux. La Tour de Champitaux, XXXV, 1.

Champs-Saint-Roch. Monnaies trouvées au polyandre, XXII, 442.

Chandiou. Excursion de la Société Éduenne, XXXVI, 349.

Changarnier (François). Nécrologie, XXXI, 434.

Changarnier (Nicolas). Député de Saône-et-Loire au Conseil des Cinq-Cents, XXXVII, 225.

Chanliaux (Philibert). Communication, XXI, 412. Dons, XXII, 460; XXIII, 535; XXIV, 449; XXVI, 445. Nécrologie, XXVIII, 399.

Chantal. Pièces du chartrier, XL, 415. V. *Monthelon*.

Chantal (sainte Jeanne-Françoise de). Ses séjours à Autun, XXII, 301, 314; à Chalon-sur-Saône, XXIII, 297.

Chantellot (Guichard de). Généalogie et armoiries, XXIII, 124.

Chapelles. Ancienne chapelle des Saints-Jumeaux, près Autun, et son sceau du quatorzième siècle, XXIV, 465. Carreaux de pavage en verre peint, provenant de la chapelle du prieuré de Saint-Sauveur, XXXVII, 397. Chapelle de Montmegin, à Semur-en-Brionnais, XXXV, 288. Chapelle Saint-Ferrucion, à Curgy, XXXV, 261. Chapelle Saint-Laurent, à Tournus, XXXII, 469. Chapelle Saint-Martin-de-la-Vallée, à Semur-en-Brionnais, XXXV, 288. Chapelle Saint-Nicolas d'Autun, XXXV, 296. Fragments de fresques de la chapelle Saint-Vincent, à la cathédrale d'Autun, XXIX, 447. Note sur la chapelle et la Maison-Dieu de la Varenne d'Igornay, XXVIII, 369. Sculptures provenant de la chapelle Poillot, à Autun, XXIII, 518, XXXVI, 381. Statue en bois de la chapelle Saint-Laurent de Montdru, XXXVIII, 400. Statuette en bois de saint Georges, provenant de l'ancienne chapelle du château de Visigneux, XXIX, 455.

Chapiteaux. Chapiteau corinthien en marbre, trouvé à Autun en 1897, XXV, 375. Chapiteau corinthien en pierre de Tonnerre, trouvé à Autun en 1903, XXXI, 427. Petit chapiteau provenant du tombeau de saint Lazare à la cathédrale d'Autun, XXXIX, 375-376. Chapiteau gothique provenant de l'ancienne église de Saint-Forgeot, XXI, 415.

Chapitre. Origine des armoiries du chapitre de l'église cathédrale d'Autun, XXI, 384. Armorial du chapitre noble des chanoines séculiers de Saint-Pierre de Mâcon (1559-1689), XXII, 1; XXIII, 93,

CHAPUIS (François-Amable). Son procès au tribunal révolutionnaire, XXVI, 341.

CHARITÉ. V. *Assistance publique, Bienfaisance*.

CHARLEUF (Henri). Nécrologie, XXXV, 360.

CHARMASSE (Anatole de). Communications et mémoires, XXI, 29,
249, 355, 384 ; XXII, 181, 405, 453, 454 ; XXIII, 231, 365, 527, 529,
538 ; XXIV, 41, 73, 465 ; XXV, 109, 355, 395, 404 ; XXVI, 1, 458 ;
XXVII, 67, 279, 437, 439 ; XXVIII, 105, 369, 389, 405, 419 ; XXIX,
79, 448 ; XXX, 69, 367, 438, 445, 462 ; XXXI, 21, 345 ; XXXII, 265 ;
XXXIII, 143, 285, 400 ; XXXIV, 1, 149, 320, 389, 392 ; XXXV, 29,
141, 307, 401 ; XXXVI, 111, 305, 322, 333 ; XXXVII, 33, 347, 349,
385 ; XXXVIII, 81, 297 ; XXXIX, 1, 337, 360 ; XL, 219, 301, 381.
Compte rendu de son livre : *Jacques-Gabriel Bulliot, sa vie et
son œuvre*, XXXIII, 401. Dons. XXI, 404 ; XXV, 380 ; XXVI, 437 ;
XXVII, 411, 429, 439 ; XXIX, 438, 453 ; XXX, 440, 468, 497 ; XXXI,
417 ; XXXII, 417, 489 ; XXXIII, 336, 345, 377 ; XXXIV, 363 ; XXXV,
370 ; XXXVI, 371 ; XXXVII, 373 ; XXXVIII, 401 ; XXXIX, 381, 396 ;
XL, 384.

CHARMOY. La Tour du Bost, XXVIII, 111 ; XXIX, 371 ; XXXI, 247 ;
XXXIII, 97.

CHAROLLAIS. Passage des reistres en 1569 et 1587, XXI, 37.

CHAROLLES. Monastère de la Visitation, XXIV, 301.

CHARRIN (le comte de). Nécrologie, XXXIII, 376.

CHARRIN (Fernand de). Nécrologie, XXIV, 455.

CHARVOT (Félix). Nécrologie, XXIV, 455.

CHARVOT (Mlle Marie). Don, XXXIII, 368.

CHARVOT (Théodore). Don, XXIII, 535. Nécrologie, XXVII, 391.

CHASEU. Histoire de la seigneurie, XXXVI, 1.

CHASSENARD. Sépulture gallo-romaine, XXX, 371, 484.

CHASSENAY. Vases en bronze, XXIV, 437.

CHASSENEU (Barthélemy de). Son portrait gravé, XXXVII, 349.

CHASSEY. Collection provenant des fouilles du Dr Loydreau au
camp de Chassey, XXXIV, 353.

CHASSY. Seigneurie et archives, XXII, 441.

CHASTELLUX (le comte de). Mémoire, XXXI, 247 ; XXXIII, 97.

CHATEAU-CHINON. Gardes-scel de la châtellenie, XXVI, 442.

CHATEAUNEUFZ (Charles de). Généalogie et armoiries, XXIII, 151.

CHAZAULT (Antoine). Député de Saône-et-Loire au Conseil des Cinq-Cents, XXXVIII, 123.

CHÊNE-ROBIN (LE). Identification de l'emplacement de la châtellenie du Chéne-Robin, XXXI, 440.

CHEVALIER (J.-B.). Nécrologie, XXXI, 398.

CHEVALIER (le chanoine Ulysse). Dons, XXVII, 398; XXVIII, 392.

CHEVALIER DE BRESSE (Pierre). Son procès au Tribunal révolutionnaire, XXVII, 225.

CHEVRIERS (de). Généalogie et armoiries, XXIII, 145, 155, 205, 207.

CHOISEUL. Seigneurs de Chassy, XXII, 441.

CHOVIGNY (de BLOT de). Généalogie et armoiries, XXII, 67.

CHRIST. Christ en bois de l'époque romane, provenant de l'Ile-Barbe, XXVI, 445. Christ en cuivre du quinzième siècle, trouvé à Saint-Pierre-l'Estrier, XXV, 400.

CIMETIÈRES. V. *Nécropoles, Sépultures*.

CLAIR-DUMOULIN (Isidore). Nécrologie, XXXII, 425.

CLAUDE II LE GOTHIQUE. Petit bronze à son effigie, trouvé à Autun, XXXVIII, 398.

CLEFS. Clef en bronze de la collection d'Espiard, XXXIII, 377. Clef de l'ancienne porte de Breuil à Autun, XXVIII, 421.

CLÉMENT (Charles). Don, XXXIV, 377. Nécrologie, XXXVIII, 421.

CLINZEAU. Fouilles archéologiques de 1900, XXVIII, 423.

CLOCHE. La fonte et la bénédiction d'une cloche à l'église Saint-Lazare d'Autun en 1560, XXXVII, 351, 385.

CLOMOT. Église Saint-Médard, XXXV, 294.

CLUGNY (famille de). Pierre tombale de Guillaume de Clugny et Jeanne d'Ostun sa femme, XL, 424.

CLUGNY (Louise de). Son élection comme abbesse de Saint-Andoche d'Autun, XL, 381-382.

CLUNY. Millénaire de la fondation de l'abbaye, XXXVIII, 417.

COETLOSQUET (le comte Maurice du). Dons, XXII, 427, 435; XXIII, 535; XXIX, 438; XXX, 498. Nécrologie, XXXII, 423.

COGNET (Joseph). Don, XXXV, 395.

COLAS (Lazare). Son procès au tribunal révolutionnaire, XXVII, 215.

COLLANGE (François-Gaspard MAYNEAUD de). Son procès au tribunal révolutionnaire, XXIX, 253.

COLLECTAIRE éduen du quinzième siècle à la bibliothèque du grand séminaire d'Autun, XXIX, 437.

COLLECTIONS. Collection Bulliot, XXIII, 533 ; XXIV, 432, 441 ; XXX, 488 ; XXXI, 446-449 ; XXXV, 366. Collection Henry d'Espiard. XXXIII, 377, 378. Collection Jovet, XXI, 389 ; XXIII, 535 ; XXIV, 441 ; XXIX, 433, 437, 439 ; XXXI, 448 ; XXXIV, 318 ; XXXV, 366 ; XXXVIII, 429. Collection Loydreau, XXXIV, 353 ; XXXV, 199, 389. Pièces de la collection Meyer, XXX, 461. Collections des établissements ecclésiastiques supprimés à Autun, XXXV, 366.

COLLÉGE. Fondation du collège d'Autun à Paris par Pierre Bertrand, XXIX, 467. Napoléon au collège d'Autun, XXI, 427. Œuvres manuscrites du P. Boze, XXXVIII, 430. Centenaire du rétablissement du collège d'Autun, XXXI, 444.

COLLÉGIALE. Note sur la collégiale Notre-Dame-du-Châtel d'Autun, XXI, 386. Description de la collégiale Notre-Dame d'Autun en 1705, XXXIV, 190. Livres liturgiques donnés à la collégiale Notre-Dame d'Autun par Nicolas Rolin, chancelier de Bourgogne, XXXIII, 285. Statuettes en bronze provenant du baptistère de la collégiale Notre-Dame d'Autun, XXI, 389. Sceau de la collégiale de Saint-Georges de Chalon-sur-Saône, XXIV, 35. L'église collégiale de Saint-Nicolas de la Prée-sous-Arcy, près Bourbon-Lancy, XXII, 181.

COLLENOT (l'abbé). Don, XXXV, 369.

COLMONT (Bruno-Clément de). Son procès au Tribunal révolutionnaire, XXVIII, 253, 330.

COLMONT DE VAULGRENAND. Une famille chalonnaise avant et après la Révolution : les Colmont de Vaulgrenand, XXXV, 169.

COLOMBIER (Antoine de). Généalogie et armoiries, XXII, 42.

COLONNES. Fragments de colonnes en marbre au musée lapidaire d'Autun, XXII, 407. Fûts de colonne trouvés à Autun : en calcaire, XXVI, 463 ; en cyanite, XXXI, 409 ; en marbre, XXVIII, 408.

COMEAU (Alfred de). Nécrologie, XXVIII, 401.

COMEAU (Mme de). Dons, XXIX, 439, 454.

COMMARET (Pierre). Député élu de Saône-et-Loire au Conseil des Cinq-Cents, XXXVIII, 140.

COMMERCE dans le département de Saône-et-Loire à la fin du Directoire, XL, 62.

COMMODE. Médaillon en cuivre à son effigie, XXXVIII, 429.

COMMUNAUX (Léon). Nécrologie, XXVI, 430.

COMMUNE. Note sur une commune jurée à Autun en 1098, XXX, 367.
Note sur la communauté des habitants de Nolay, XXXV, 401 ;
XXXVI, 111.

COMPAS romain en bronze, trouvé à Autun, XXIII, 526.

COMPIN (Nicolas). Son procès au Tribunal révolutionnaire, XXVI, 407.

COMTE (Louis). Son procès au Tribunal révolutionnaire, XXIX, 219.

CONGRÈS. Le III⁰ congrès préhistorique de France : Session tenue à Autun du 12 au 18 août 1907, XXXV, 339.

CONSTANCE II. Une intéressante médaille de Constance II, XXXIX, 352.

CONSTANTIN. Petit bronze à son effigie, XXXIII, 378.

CONSTRUCTIONS ROMAINES. Recherches sur les gisements ou carrières d'où ont été extraits les matériaux constituant le petit appareil de revêtement dans les constructions romaines d'Autun, XXXIII, 1.

CONTENT (Claude). Son procès au Tribunal révolutionnaire, XXVII, 160.

CONTI (le prince de). Sa relégation à Autun (1795-1796), XXIII, 231.

COPPIN (Alfred). Communication. XXVI, 442. Dons, XXV, 397 ; XXVI, 463.

COQUEUGNIOT (Jean). Nécrologie, XXXV, 362.

CORCHEVAL. Excès des guerres de religion à Corcheval et au Terreau de 1569 à 1593, XXXVIII, 415.

CORDESSE. Voyage de Courtépée, XXI, 80.

CORNEREAU (Armand). Dons, XXI, 403, 414 ; XXII, 442 ; XXIV, 467 : XXVI, 463 ; XXVIII, 424 ; XXIX, 468 ; XXXII, 418 ; XXXIII, 406 ; XXXIX, 397.

CORNET (Jean-Baptiste). Député de Saône-et-Loire à l'Assemblée législative, XXXII, 237.

CORPORATION. Note sur une querelle de métier dans la communauté des épiciers d'Autun en 1773-1774, XXXV, 377.

COSTA DE SAINT-GENIX DE BEAUREGARD (le comte Bérold). Nécrologie, XXX, 457.

COSTE-MESSELIÈRE (Benjamin-Léonor-Louis FROTIER, marquis de LA). Député du bailliage de Charolles à l'Assemblée Constituante, XXXI, 217.

COTTIN (J.-M.). Son procès au Tribunal révolutionnaire, XXVIII, 241.

— 21 —

COUCHES-LES-MINES. Fragment d'une statuette de déesse-mère, trouvé à Nyon, XXII, 461. Hipposandales trouvées dans l'étang du Bois-Jean-Gras, XXII, 425. Sceau de la justice de paix, XXIII, 524.

COUHARD, près Autun. Fabrique de formes de chaussures en 1833, XXVII, 403. Moule de pied de calice en verre, XXII, 442; XXVII, 47.

COURTÉPÉE (Claude). Son ministère à Autun, XXVIII, 405. Voyages dans la province de Bourgogne en 1776 et 1777, XXI, 63; XXII, 211; XXIII, 71.

COURTOIS (Félix). Communications et mémoires, XXI, 129; XXII, 243; XXIV, 287, 458, 466. Dons, XXI, 415; XXII, 460; XXIII, 518; XXIV, 468; XXVIII, 424. Nécrologie, XXIX, 458.

COURTOIS (Henri). Dons, XXVII, 441; XXXI, 417.

COUTEAUX. Couteau de chasse de la collection Bulliot, XXXI, 447. Note sur un couteau à charnière de l'époque gallo-romaine, XL, 319, 424.

COUTIL (Léon). Dons, XXVIII, 390; XXXV, 369; XXXVI, 371.

CRÉMEAUX (Marc de). Généalogie et armoiries, XXIII, 148.

CREUSETS. Note sur des creusets en terre noire, trouvés à Autun, rue aux Cordiers, XXXI, 428.

CREUSOT (LE). Cristallerie (1787-1833), XXII, 243. Écoles (1787-1882), XXI, 129. Écoles dirigées par M. Nolet, XXIV, 458. Fabrique de dentelles à la main (1844-1866), XXIV, 287. François de La Chaise et les origines du Creusot, XXIV, 51. Hameaux mentionnés en 1366, XXVI, 458. Poème descriptif, XXIV, 466.

CREUSVAUX (M.). Nécrologie, XXVIII, 397.

CREUZÉ DE LESSER. Le dernier titulaire du droit de cité à Autun : Augustin Creuzé de Lesser, poète et sous-préfet, XXXIV, 199.

CRISTALLERIE. Notice sur la cristallerie du Creusot (1787-1833), XXII, 243.

CROIX. Ordonnance sur le rétablissement des croix dans la paroisse Saint-André d'Autun, XXXVI, 332.

CROIZIER (Henri). Nécrologie, XXI, 417.

CROSSE en bronze, trouvée à Autun, XXVIII, 419.

CROZE (Charles-Louis-Émile-Jules baron de). Nécrologie, XXXI, 425.

CRUCIFIX. V. *Christ*.

CRUZILLES (J.-B. THIERRAT de). Son procès au Tribunal révolutionnaire, XXVIII, 272.

Cuillère. Cuillère en bronze, trouvée à Autun, rue aux Cordiers, XXXI, 429.

Culte. Contribution à l'histoire du culte de saint Lazare à Autun, XXXIV, 320. Culte de saint Marcel et de saint Valérien, XXXVII, 347. Jean-Louis Gouttes, évêque constitutionnel du département de Saône-et-Loire, et le culte catholique à Autun pendant la Révolution, XXIII, 365; XXIV, 73; XXV, 109. Le culte dans le département de Saône-et-Loire à la fin du Directoire, XL, 18.

Curgy. Notice archéologique sur l'église de Curgy, XXVI, 249. Description de l'église Saint-Ferréol, XXXV, 291. Guisarme trouvée au Cerveau, XXII, 427. Peintures murales découvertes dans l'église en 1894, XXII, 459. Vicissitudes et déchéance d'un oratoire carolingien : Capella sancti Ferrucii de Curciaco, XXXV, 261. Un cas de formariage au quinzième siècle, XXXVII, 317.

Cussy-en-Morvan. Monnaies d'argent du seizième siècle trouvées à Maison-Bourgoux, XXXVI, 374.

D

Damas (famille Tixier de). Origine du nom, XXI, 401.

Damas du Rousset (Louis). Généalogie et armoiries, XXIII, 185.

Damona. Inscription trouvée à Bourbon-Lancy en 1912, XL, 413.

Deblangey (le docteur Georges). Nécrologie, XXXI, 406.

Décence. Moyens bronzes de Décence, trouvés à Auxy en 1908, et ayant fait partie du pécule d'un légionnaire de Magnence, XXXVI, 320, 389.

Déchelette (Eugène). Nécrologie, XXXIV, 380.

Déchelette (Joseph). Communications et mémoires, XXVII, 255, 313, 396; XXIX, 1, 434, 436, 447, 448; XXX, 371, 484; XXXI, 1, 337; XXXII, 1; XXXIII, 305; XXXVI, 267; XXXIX, 400. Compte rendu de son ouvrage : les Vases céramiques ornés de la Gaule romaine, XXXIII, 402. Dons, XXVII, 428; XXVIII, 407; XXIX, 453; XXX, 468; XXXI, 451; XXXV, 394; XXXVI, 376; XXXVII, 396; XXXVIII, 430; XXXIX, 397; XL, 384. Première mention décernée par la commission des antiquités de la France, en 1901, XXIX, 452. Première médaille décernée par la même commission, en 1905, XXXIII, 402. Élu correspondant de l'Académie des Inscriptions et Belles-Lettres, XL, 380.

Dejussieu (Ernest). Dons, XXI, 408, 416; XXIII, 541.

Dejussieu (François). Communications et mémoire, XXXI, 413 ;
XXXII, 470 ; XXXIII, 17 ; XXXIV, 368, 381. Dons, XXXII, 443 ;
XXXIII, 345 ; XXXIX, 396.

Dejussieu (François et Michel). Dons, XXI, 391 ; XXII, 414, 428 ;
XXIII, 517, 541 ; XXVI, 437 ; XXVII, 429, 440 ; XXVIII, 392 ; XXIX,
438 ; XXX, 440 ; XXXI, 430 ; XXXII, 416, 461 ; XXXIV, 378 ; XXXV,
394 ; XXXVI, 371 ; XXXIX, 404.

Dejussieu (Michel). Nécrologie, XL, 379, 391.

Delacroix (Jean). Député élu de Saône-et-Loire au Conseil des
Cinq-Cents, XXXVIII, 149.

Delattre (le R. P.). Don, XXI, 411.

Delmace. Petit bronze à son effigie, trouvé à Autun en 1910,
XXXVIII, 400.

Demaizière (Émile). Comptes rendus de ses brochures : *Une tentative de suppression des États du Mâconnais, à la veille de la Révolution* et *Un incident populaire à Mâcon, le 18 mars 1789*,
XXXV, 400. Dons, XXIV, 431 ; XXXV, 400, 402.

Demontmerot (Charles). Nécrologie, XXXII, 425.

Dentelle. Fabrique de dentelles à la main au Creusot (1844-1866),
XXIV, 287. Un projet d'établissement à Autun d'une manufacture
de dentelles en 1666-1667, XXXIV, 139, 368.

Députés. Les députés de Saône-et-Loire aux assemblées de la
Révolution (1789-1799), XXX, 281 ; XXXI, 141 ; XXXII, 133 ; XXXIII,
181 ; XXXIV, 33 ; XXXV, 43, 404 ; XXXVI, 121 ; XXXVII, 161, 401 ;
XXXVIII, 95 ; XXXIX, 23.

Desbois (Pierre-Antoine-Salomon). Député suppléant de la noblesse
pour le bailliage de Mâcon aux États généraux, XXXII, 152 ;
XXXIX, 98.

Deschizeaux (Claude). Son procès au tribunal révolutionnaire,
XXIX, 228.

Deseilligny (Jules). Don, XXXIII, 379.

Desjours (Joseph). Don, XXXI, 451.

Desplaces de Charmasse (Charles). Député de Saône-et-Loire à
l'Assemblée législative, XXXII, 230.

Desroches (l'abbé Jacques-Philippe). Don, XXIX, 454. Nécrologie,
XXIX, 443.

Dessaigne (Louis). Député élu de Saône-et-Loire au Conseil des
Cinq-Cents, XXXVIII, 139.

Desserteaux. Don, XXVI, 445.

Destray (Paul). Dons, XXXVIII, 425; XXXIX, 397.

Désveaux (le colonel Eugène). Don, XXX, 497. Nécrologie, XXXVIII, 391.

Désveaux (Ludovic). Dons, XXVII, 409 ; XXVIII, 393; XXXI, 418.

Desvignes de La Cerve (Antoine-Louis). V. *Cerve* (La).

Dettey. La Maison-Dieu des Quatre Frères, XXX, 69. Église Saint-Martin, XXXV, 287.

Devoucoux (Albert). Don, XXIII, 518.

Dezize. Sépultures découvertes en 1906 au lieu dit *La fontaine noire*, XXXIV, 392.

Dheune. Trois fiefs sur la Dheune, XXXVIII, 325.

Diana (la). Cinquantenaire de sa fondation, XL, 386.

Diasulos. Médaille au nom du vergobret Diasulos, XXVII, 395.

Dide Julien. Petit bronze à son effigie, trouvé à Autun, en 1910, XXXVIII, 423.

Didier (Jules). Dons, XXI, 416 ; XXIV, 449.

Diennes. Sarcophage du haut moyen-âge, provenant du château, XXVII, 408.

Digoin. Antoine Champaigne, peintre verrier de Digoin, XXIII, 538.

Digoine du Palais (Marquis de). Député du bailliage d'Autun à l'Assemblée Constituante, XXX, 346.

Digoyne (Guillaume de). Généalogie et armoiries, XXII, 53.

Dinechin (Marie-Antoine-Philibert Dupont de). Nécrologie, XXIX, 432.

Dioclétien. Note sur un aureus de Dioclétien, trouvé à Autun, XXXIX, 333.

Diot (Jean-Marie). Nécrologie, XXXII, 423.

Diou. La nécropole gauloise de Diou, XXXIII, 305.

Dirand (Eugène). Nécrologie, XXXVIII, 413.

Divitiac. Exposition de sa statue par Arthur de Gravillon, XXI, 395. Inauguration de sa statue à Autun, en 1894, XXII, 454.

Domitien. Aureus à son effigie, trouvé à la Bussière, commune de la Petite-Verrière, en 1908, XXXVII, 345.

Doni d'Attichy (Louis). Son épitaphe, XXIX, 469.

Doret (l'abbé Charles). Communication et mémoire, XXI, 195; XXII, 459. Notice biographique, XXIV, 63.

Dory (l'abbé). Don, XXX, 440.

Double (le baron Lucien). Nécrologie, XXIII, 521.

Dracy-Saint-Loup. Hache spatuliforme de l'époque morgienne, XXXV, 390. Haches trouvées au Champ-du-Bois, XXV, 398 ; près du Bois-de-Dracy, XXII, 460. Rapport sur une découverte d'ossements humains dans le talus du fossé nord du château, XXXVIII. 398. Un cas de formariage au quinzième siècle, XXXVII, 317.

Drevain (le Mont). V. *Saint-Pierre-de-Varennes*.

Droits. Note sur l'exercice du droit de gîte en 1382, 1385 et 1407. XXI, 29. Note sur le droit d'usage dans la forêt de Planoise accordé aux habitants de l'Abergement de la Porcheresse par les ducs Hugues IV et Eudes IV en 1231 et 1325, XXIV, 41.

Dubois (Léon). Rapport sur les travaux de la Société Éduenne de 1892 à 1899, XXVII, 400. Don, XXXVIII, 401.

Dubois (Maurice). Don, XXII, 443.

Ducarre (Laurent dit Philibert). Son procès au tribunal révolutionnaire, XXVII, 212.

Duchamp (J.-B.). Nécrologie, XXV, 389.

Duchamp (Mme). Don, XXV, 399.

Ducloux (le docteur Jean-Baptiste-Léon). Nécrologie, XXVI, 455.

Ducret (Jean). Député du bailliage de Mâcon à l'Assemblée Constituante, XXXII, 133.

Ducs de Bourgogne de la maison de Valois, XXIX, 33 ; XXX, 85.

Dufraigne (Claudine-Adrienne), seconde femme de Michel-Louis Monier. Son portrait, XXXVII, 394.

Dufraigne (Gabriel). Don, XXXVII, 394, 395.

Dujardin (Charles-Antoine), Député de Saône-et-Loire au Conseil des Cinq-Cents, XXXVII, 167.

Dulong (Édouard). Don, XXII, 413. Nécrologie, XXVI, 450.

Dumay (Gabriel). Communications et mémoire, XXIII, 514 ; XXV, 313 ; XXVI, 458 ; XXXI, 135. Dons, XXII, 443 ; XXIV, 449 ; XXVI, 452 ; XXX, 468 ; XXXII, 417, 443. 487 ; XXXIII, 336 ; XXXIV, 362, 378, 398 ; XXXV, 378 ; XXXVI, 375 ; XXXVIII, 417, 430 ; XXXIX. 386, 397 ; XL, 384, 414, 416.

Dumont (Charles-Jean). Son procès au tribunal révolutionnaire, XXIX, 256.

Dupont de Dinechin. V. *Dinechin*.

Dupré (Albert). Nécrologie, XXVII, 120.

Dupuy de la Jarousse (Charles-Athanase). Son procès au tribunal révolutionnaire, XXVII, 111.

Duroussin (Vivant). Député de Saône-et-Loire à l'Assemblée Législative, XXXII, 240 ; élu député aux Conseil des Cinq-Cents, XXXVIII, 139.

Duvault (le docteur). Nécrologie, XXI, 384.

Duvernay (Marie-Laurent) et sa mère. Leur procès au tribunal révolutionnaire, XXVII, 113, 157.

Duverne (l'abbé). Don, XXXV, 376.

E

Échaulée. Un cas de formariage au quinzième siècle, XXXVII, 317.

Écoles. Les écoles du Creusot (1787-1882), XXI, 129 ; XXIV, 458.

Écuisses. V. *Motte-Vouchot (La)*.

Écussons. Écussons en pierre, aux armes d'Antoine de Chalon, XXXVI, 376 ; de Rabutin, XXII, 414 ; de Rolin, XXXIII, 369.

Éduens. Les Hæduens et les Arvernes sous la domination romaine, XXVII, 255.

Église. L'église d'Autun pendant la guerre de Cent Ans, XXVI, 1. V. *Anost, Autun, Auxey, Avallon, Baugy, Bourbon-Lancy, Breuil, Cartulaire, Cathédrale, Chapelles, Clomot, Collégiale, Culte, Curgy, Dettey, Epitaphes, Inscriptions, Laizy, Mesvres, Montmegin, Monthelon, Mont-Saint-Vincent, Motte-Ternant, Nazaire (Saint), Nicolas (Saint), Saint-Forgeot, Saint-Gervais-sous-Couches, Saint-Marcel de Carreiret, Saint-Martin d'Autun, Saint-Martin-de-la-Vallée, Saint-Pantaléon, Saint-Pierre-l'Étrier, Saint-Pierre-de-Varennes, Sainte-Radegonde, Saint-Symphorienlès-Autun, Semur-en-Brionnais, Tombeau de saint Lazare, Vincent (Saint)*.

Égouts. Rues et égouts antiques découverts à Autun dans la tranchée de l'égout collecteur en 1891, XXI, 7.

Émiland (saint). La légende de saint Émiland, XXXVIII. 81.

Enrayure. Sabot d'enrayure gallo-romain, XXV, 376.

Enseigne d'apothicaire, conservée à l'hôtel Rolin à Autun, XXV, 399.

Entragues (Bernard-Angélique de Crémeaux d'). Généalogie et armoiries, XXIII, 199.

Épée de cavalerie du seizième siècle, trouvée à Saint-Émiland, XXIV, 441.

Épiciers. Note sur une querelle de métier dans la communauté des épiciers d'Autun en 1773-1774, XXXV, 377.

Épigraphie. V. *Inscriptions*.

Épinac. Navette à encens, XXV, 408. Note sur l'origine de la houillère et de la verrerie d'Épinac, XXXI, 117. V. *Val-Saint-Benoît*.

Épitaphes. Épitaphe de Doni d'Attichy, évêque d'Autun, XXIX, 469. Épitaphes d'Autunois en l'église Saint-Louis-des-Français à Rome, XXV, 376. Épitaphe de Jacques Tatepoyre, premier recteur de l'hôpital de Dracy-Saint-Loup, XXVIII, 388.

Escarra (Édouard). Mémoire, XXXIV, 207.

Escarra (Jean). Compte rendu de son livre : *Étude sur la recevabilité des recours juridictionnels exercés par les syndicats et les groupements analogues*, XXXVI, 364. Dons, XXXVI, 364, 370, 385.

Espérandieu (le commandant). Observations sur son ouvrage : *Recueil général des bas-reliefs, statues et bustes de la Gaule romaine* (t. III), XXXVIII, 430.

Espiard (le baron Henry d'). Objets de sa collection donnés au musée de l'hôtel Rolin, XXXIII, 377.

Esprit public dans le département de Saône-et-Loire à la fin du Directoire, XL, 4.

Estampes. Aventure arrivée près d'Autun à Louis Gillet, dit Ferdinand, maréchal des logis au régiment d'Artois, XXI, 404. Porte d'Arroux, XXI, 421. Une tour de l'Évêché d'Autun, XXI, 415.

Estampilles. Anses d'amphore trouvées à Autun, signées Aug[ustus], XXXIII, 405 ; Luc. Trophimi, XXX, 495 ; autre, signée Sisn.. XXXI, 449. Col d'amphore trouvé à Autun, à la Croix-Verte, signé Catisius, XXXV, 305. Estampilles Paeti, Passien, Scoti, Silvani, Xanthi, XXXIII, 369. Estampilles de potiers gallo-romains, XXVI, 457. Fond de vase, signé Venator f., trouvé à Autun, au parc Saint-Andoche, XXXV, 368. Fragment de brique signé Alle....., trouvé à Marmagne, XXVII, 398. Fragment de lampe, signé T. Gelli, trouvé à Monthelon, XXVI, 445. Fragments de vases, trouvés à Autun, signés : Albus fe ; Atei Ev hod ; Logirni M ; Maseli Balbus ; Ofic. Canti ; Of. Licin ; Pastorec ; Paterni M ; Patrici M ;

Paullus. XXVII, 429. Lampe romaine, signée Attilus. f., trouvée à la Folie, près Autun, XXXV, 368. Pied de vase, signé Atiliani, trouvé à Autun, XXXII, 443. Rebords de jattes, trouvés à Autun, signés Caratuc....., Regenus, Regul....., Samitus, XXVII, 429. Urne, signée Hennius sur une des anses, trouvée à Autun, à la Croix-Verte, XXXIV, 379.

Estang (Charles de l'). Généalogie et armoiries, XXIII, 179.

Étang-sur-Arroux. Vase cinéraire découvert en 1894, XXII, 434.

État civil. La sécularisation de l'état civil à Autun, 2 novembre 1792, XXXIX, 353.

Étuves. Mention d'étuves, à Autun, en 1469, XXX, 448.

Eufronia. Note sur une inscription chrétienne, provenant de Saint-Pierre-de-Lestrier, XL, 219.

Euverte (Ernest). Don, XXIII, 540.

Évêché d'Autun (Palais de l'). Gravure, XXI, 415. Tableau, XXI, 416.

Évêques. V. *Angebault, Geoffroy, Landriot, Thomas.*

Évêques d'Autun. Leurs possessions à Alise-Sainte-Reine, XXXIII, 400. V. *Auxonne, Bâgé, Barrière, Barthélemy, Baudet, Doni d'Attichy, Fontanges, Gouttes, Hurault, Montazet, Perraud, Rolin, Syagrius, Talleyrand.*

Excursions. Excursion de l'Académie de Mâcon au Mont Beuvray en 1896, XXIV, 442. Adoption à la Société Éduenne d'un projet d'excursions annuelles, XXX, 461. Excursions de la Société Éduenne : à Alise-Sainte-Reine, en 1905, XXXIII, 390, en 1906, XXXIV, 341 ; à Avallon, en 1907, XXXV, 329 ; à Avignon et à Orange, en 1904, XXXIII, 17 ; à Beaune, à Savigny-les-Beaune et à l'abbaye Sainte-Marguerite, à Bouilland, en 1903, XXXI, 315 ; au château de Bussy-Rabutin, en 1906, XXXIV, 329 ; aux ruines du château de Chandiou, en 1908, XXXVI, 349 ; à Mont-Saint-Jean et à Thoisy-la-Berchère, en 1912, XL, 401 ; à Mont-Saint-Vincent, à Gourdon et au château du Plessis, en 1905, XXXIII, 354 ; à Nevers, en 1911, XXXIX, 401 ; à La Rochepot, en 1904, XXXII, 478 ; à Semur-en-Auxois, en 1908, XXXVI, 339 ; à Sully, à Morlet et au Val-Saint-Benoît, en 1902, XXX, 399 ; à Vezelay, en 1903, XXXII, 430.

Exposition. Note sur les œuvres bourguignonnes, figurant à l'exposition des primitifs français à Paris, en 1904, XXXII, 437.

F

FABRIQUES. Fabrique de dentelles à la main au Creusot, XXIV, 387. Fabrique de formes de chaussures à Couhard, XXVII, 403. Un projet d'établissement à Autun d'une manufacture de dentelles en 1666-1667, XXXIV, 139, 368.

FAMILLES. Les familles de dix et douze enfants à Autun au dix-huitième siècle, XXXVI, 305.

FARGES (Abel). Dons, XXVII, 411 ; XXVIII, 408 ; XXXIV, 385.

FAUBOURGS. V. *Rues*.

FERRARE. Liste d'Autunois reçus docteurs de l'Université de Ferrare aux XVᵉ et XVIᵉ siècles, XXX, 445.

FERRUCION (Saint). Chapelle Saint-Ferrucion à Curgy, XXXV, 261.

FÊTES. Fêtes de Bibracte et de la Certenue, XXXVII, 387-388. La fête de la fédération à Autun, le 14 juillet 1790, XXXI, 301. Procès-verbal des fêtes célébrées les 19 et 20 septembre 1903, lors de l'inauguration du buste de M. Bulliot et du monument commémoratif des fouilles de Bibracte, XXXI, 355. Rapport sur les fêtes du centenaire de l'Académie de Mâcon, XXXIII, 379 ; du cinquantenaire de la Diana, XL, 386 ; du cinquantenaire de la Société des sciences historiques et naturelles de l'Yonne, XXV, 355.

FÉVRET (Charles). Notice biographique, XXV, 90.

FIBULES en bronze, trouvées à Autun, XXVII, 429 ; XXXIII, 377 ; XXXVI, 370.

FICHOT (Henri). Don, XXXVI, 376.

FIEFS. Notice sur le fief du Lac-lès-Anzy, en Brionnais, XXXI, 5. Trois fiefs sur la Dheune, XXXVIII, 325.

FILLOUSE, près Autun. Découvertes archéologiques en 1898, XXVI, 457, 463.

FINANCES du département de Saône-et-Loire à la fin du Directoire, XL, 52.

FLAMARE (Henri de). Don, XXII, 441.

FLANDRE (Marguerite de). V. *Germolles* et *Marguerite de Flandre*.

FLORIN (Blaise). Son procès au tribunal révolutionnaire, XXVIII, 298.

FOLIE (LA), près Autun. Découverte en 1907 d'une lampe romaine, signée Attilus. I., XXXV, 368.

Folin (marquis de). Dons, XXI, 415, 421.

Fontaines. Fontaine d'origine romaine à Fillouse, près Autun, XXVI, 458. Fontaine Saint-Barthélemy à Monthelon, XXI, 424. Le pélican de la fontaine Saint-Ladre à Autun, XXXIX, 350.

Fontaine (l'abbé). Nécrologie, XXVIII, 396.

Fontanettes (Benoit), poète mâconnais du dix-septième siècle, XXVII, 67.

Fontanges (Mgr de). Son portrait, XXX, 440.

Fontenay (Charles de). Dons, XXXIII, 379; XXXIV, 358.

Fontenay (Henri de). Nécrologie, XXX, 457.

Fontenay (le vicomte Joseph de). Dons, XXXVI, 362, 376, etc.

Fontenay-Changarnier (Théodule de). Don, XXIX, 439.

Fontenay de Sommant (Anne-Paul de), député suppléant de la noblesse pour le bailliage d'Autun à l'Assemblée Constituante, XXX, 354.

Forêts du département de Saône-et-Loire à la fin du Directoire, XL, 62.

Formariage. Un cas de formariage au quinzième siècle, XXXVII, 317.

Fort. Le jeu du fort chez les Romains, XXXVI, 267.

Foudras (Caude et Théode de). Généalogie et armoiries, XXIII, 121; XXII, 45.

Fouilles. Les fouilles du Mont Beuvray de 1897 à 1901, XXXII, 1. Vœu exprimé par la Société Éduenne contre les mesures restrictives apportées à l'exécution des fouilles par le projet de loi, déposé le 25 octobre 1910, XXXVIII, 427. V. *Arleuf, Beuvray, Brion, Clinzeau, Laizy, Saint-Léger-de-Fougeret, Sainte-Rade-gonde.*

Fournaud (J.). Communication, XXVI, 434.

Fourreau. Note sur une boutcrolle de fourreau gallo-romain, trouvée à Autun, XXXI, 337.

François (Jean-Marie). Sa carrière de policier, XL, 412.

François (le docteur). Communication, XXII, 459.

Frapet (Jacques). Son procès au tribunal révolutionnaire, XXVII, 245.

Frémiot (Claude). Notice biographique, XXV, 85.

Frèrejean (Georges). Nécrologie, XXX, 494.

Fresques. Fragments de fresques de la chapelle Saint-Vincent à la cathédrale d'Autun, XXIX, 447. Fresques de l'église de Curgy, XXII, 459. Peintures murales du XVe siècle dans une maison à Autun, rue de Riveau, XXXIX, 366.

Fricaud (Claude). Député du bailliage de Charolles à l'Assemblée Constituante, XXXI, 237.

Froment (Eugène). Don, XXVI, 443. Notice biographique, XXVIII, 339.

Frotier (Benjamin-Léonor-Louis), marquis de la Coste-Messelière. V. *Coste-Messelière*.

Fyot (Eugène). Communications et mémoires, XXV, 321 ; XXVII, 33 ; XXVIII, 1 ; XXIX, 289 ; XXX, 161 ; XXXI, 117 ; XXXII, 85 ; XXXIII, 51 ; XXXIV, 13 ; XXXV, 1 ; XXXVI, 1 ; XXXVII, 283 ; XXXVIII, 325. Dons, XXVIII, 407, 424 ; XXIX, 468 ; XXX, 488 ; XXXI, 431, 450 ; XXXIV, 378 ; XXXV, 378 ; XXXVI, 363, 370 ; XXXVIII, 402, 425 ; XXXIX, 402, 403 ; XL, 429. Médaille d'argent décernée par l'Académie de Dijon, XXX, 467. Compte rendu de son discours de réception à la même Académie : *le Sculpteur dijonnais Jean Dubois (1625-1694)*, XXXVI, 363.

G

Gadant (Charles). Nécrologie, XXX, 492.

Gadant (René). Communications et mémoires, XXXI, 342, 408, 427, 429, 438 ; XXXII, 259 ; XXXIII, 275, 379, 390 ; XXXIV, 261 ; XXXV, 135 ; XXXVI, 277 ; XXXVII, 19, 277, 339 ; XXXVIII, 293, 355 ; XXXIX, 321, 399 ; XL, 319, 424.

Gadois (Claude). Son procès au tribunal révolutionnaire, XXVIII, 286.

Gallay (Louis). Nécrologie, XXVII, 421.

Galle (Léon). Don, XXX, 441.

Gallien. Médaillon à son effigie, trouvé près d'Autun, XXVI, 438, 441.

Ganay (le marquis Anne-Étienne de). Nécrologie, XXXI, 404.

Ganay (le général comte Jacques de). Nécrologie, XXVII, 307, 421.

Ganay (le marquis Louis-Charles-Maurice de). Nécrologie, XXI, 394.

Ganay (la comtesse de). Don, XXIX, 455.

GANAY (la marquise de), née Marie BARBUOT. Son procès au tribunal révolutionnaire, XXVII, 221.

GARCHERY (Pierre-Claude-François). Député de Saône-et-Loire à l'Assemblée Législative, XXXII, 184.

GARDES-SCEL de la châtellenie de Château-Chinon, XXVI, 442.

GARNIER (Joseph). Nécrologie, XXXI, 436.

GATTEY (François-Charles et Marie-Claudine). Leur procès au tribunal révolutionnaire, XXVI, 374, 378.

GAUCHER (Nicolas). Son journal (14 août 1539-26 septembre 1545), XXXVII, 385.

GAUDRY (Lazare). Son procès au tribunal révolutionnaire, XXVII, 165.

GAUTHEY (S. G. Mgr Léon). Communication, XXI, 410. Dons, XXI, 411 ; XXVI, 445 ; XXVII, 409 ; XXXIV, 374, 384.

GAUTRON DU COUDRAY (le vicomte). Dons, XXVII, 427 ; XXVIII, 391 ; XXX, 487.

GAYET (Jean-Pierre). Député de Saône-et-Loire au Conseil des Cinq-Cents, XXXVIII, 111.

GELIN (Jean-Marie). Député de Saône-et-Loire à l'Assemblée Législative, XXXII, 202 ; à la Convention Nationale, XXXIII, 187 ; élu au Conseil des Anciens, XXXIX, 71.

GENETET (Philibert). Député pour le bailliage de Chalon-sur-Saône à l'Assemblée Constituante, XXXI, 141.

GENETOYE (La). Découverte d'un moyen bronze de Vespasien, XXV, 386 ; en 1908 d'une monnaie en argent à la même effigie, XXXVI, 389.

GEOFFROY, évêque de Nevers. Son sceau trouvé à Autun, XXVII, 425.

GEOFFROY (Jean-Baptiste-Claude). Député du bailliage de Charolles à l'Assemblée Constituante, XXXI, 232.

GEOFFROY DE BEUF ou BOEUF (Côme-Antoine-Joseph). Député de Saône-et-Loire au Conseil des Cinq-Cents, XXXVII, 161 ; XXXVIII, 139.

GEORGES (Saint). Sa statuette en bois provenant de l'ancienne chapelle du château de Visigneux, commune de Lucenay-l'Évêque XXIX, 455.

GERMAIN (Alphonse). Dons, XXXVIII, 400 ; XXXIX, 396.

GERMOLLES. Le château de Germolles et Marguerite de Flandre, XL, 147.

GILLET (Louis), dit Ferdinand, maréchal des logis au régiment d'Artois. Estampes relatives à son aventure aux environs d'Autun, XXI, 404.

GILLOT (André). Communications et mémoires, XXIX, 69, 462, 467 ; XXX, 399, 447 ; XXXI, 315, 355, 411, 412 ; XXXII, 460, 478 ; XXXIII, 339, 354 ; XXXIV, 139, 368 ; XXXV, 377 ; XXXVII, 399 ; XXXVIII, 219 ; XXXIX, 109.

GILLOT (Louis). Dons, XXIX, 468 ; XXXVI, 384 ; XXXIX, 381, 397 ; XL, 429.

GILLOT (Paul). Don, XXVIII, 408. Nécrologie, XXVIII, 402.

GILLOT (le docteur Victor). Don, XXVIII, 407.

GILLOT (le docteur Xaxier). Dons, XXII, 413 ; XXIII, 518 ; XXV, 397 ; XXVI, 438, 464 ; XXVII, 428 ; XXXIX, 468 ; XXX, 441 ; XXXI, 418, 431 ; XXXII, 444, 488 ; XXXIII, 345, 346, 370 ; XXXIV, 363, 377, 399 ; XXXVI, 371, 375, 384 ; XXXVII, 389, 396 ; XXXVIII, 401. Notice biographique, XXXIX, 337.

GILLOT-PIGNOT. Don, XXII, 413.

GIRARD. Sceau de Girard, portarius de la viérie d'Autun, trouvé près d'Aluze en 1894, XXII, 453.

GIRARDOT (Paul). Nécrologie, XXXI, 426.

GIRON (Aimé). Dons, XXI, 403, 421 ; XXV, 408 ; XXVII, 440.

GIROUD (Philibert). Son procès au tribunal révolutionnaire, XXVIII, 296.

GIRVAL (de). Don, XXVII, 398.

GITE. Note sur l'exercice du droit de gite en 1382, 1385 et 1407, XXI, 29.

GLAINE, près Saint-Martin-du-Lac. Ruines découvertes en 1899, XXVII, 397.

GLENNE. La châtellenie de Glenne, XXXII, 85 ; XXXIII, 51.

GODART (Guillaume). Son procès au tribunal révolutionnaire, XXVIII, 258.

GODEFROY (Frédéric). Nécrologie, XXV, 402.

GODILLOT (M). Nécrologie, XXI, 383.

GOIN (Louis). Nécrologie, XXIX, 457.

GONDRECOURT (Marc-René de). Son procès au tribunal révolutionnaire, XXVII, 159,

Gonin (Jean-Baptiste). Son procès au tribunal révolutionnaire, XXVII, 152.

Gormand (Théodore). Son procès au tribunal révolutionnaire, XXVII, 197.

Gossenet (François). Son procès au tribunal révolutionnaire, XXVI, 348.

Goulaine (La). Rapport sur l'atelier paléolithique de La Goulaine, près de La Motte-Saint-Jean, XXI, 347.

Gourdon. Excursion de la Société Éduenne en 1905, XXXIII, 354.

Gouttes (Jean-Louis), évêque constitutionnel du département de Saône-et-Loire et le culte catholique à Autun pendant la Révolution, XXIII, 365 ; XXIV, 73 ; XXV, 109. Son procès au Tribunal révolutionnaire, XXVI, 360.

Grace. Lettres de grâce délivrées en 1469 par Charles le Téméraire, XXX, 447.

Graffard (l'abbé Paul). Don, XL, 384.

Graillot (Henri). Communications et mémoires, XXI, 420 ; XXII, 442 ; XXIII, 533 ; XXV, 374, 393 ; XXVI, 452 ; XXVII, 47, 373 ; XXVIII, 404, 423 ; XXIX, 448 ; XXX, 251 ; XXXIII, 353 ; XXXV, 199, 390. Dons, XXII, 443 ; XXIII, 534 : XXIV, 449 ; XXVII, 410 ; XXIX, 438 ; XXXI, 450 ; XXXII, 461.

Graillot-Dayet. Nécrologie, XXVII, 431.

Grandmaison (François). Son procès au Tribunal révolutionnaire, XXIX, 165.

Grange (Gabriel de La). Nécrologie, XXXI, 402.

Granger (Jean-Marie). Nécrologie, XXVII, 394.

Granges (Jean-Louis Bernigaud de). V. *Bernigaud de Granges*.

Grangier (Pierre I.). Notes sur le libraire et imprimeur dijonnais Pierre I. Grangier, à propos d'une édition inconnue du *Computus novus* de Pierre Turrel, XXXIV, 289. Note additionnelle à la description du premier livre imprimé à Dijon par Pierre Grangier en 1531 : *les Coutumes générales et Ordonnances du Parlement du Duchié de Bourgogne*, XXXVII, 360. Note sur la seconde édition du même ouvrage en 1533, XXXVII, 398.

Grappin (M.). Nécrologie, XXXII, 429.

Gras (l'abbé Denis-Dominique). Nécrologie, XXXIV, 364.

Gravillon (Arthur de). Don, XXI, 416. Notice biographique, XXVII, 57.

Gregaine (Jean). Journal de Jean Gregaine, bourgeois de Marcigny, pendant les guerres de la Ligue en Brionnais (1589-1596), XXXVIII, 1.

Grenot (Pierre). Nécrologie, XXX, 471.

Grève. Une grève de censitaires à Paray-le-Monial en 1383, XXXV, 29.

Grillot (le docteur Joseph). Nécrologie, XXXII, 414.

Grisard (Georges-Marie). Député suppléant de Saône-et-Loire à l'Assemblée législative, XXXII, 247.

Grivault. Don, XXV, 380.

Grôme. Sculptures provenant de la Tour ou château de Grôme, XXXVI, 376.

Grury. Masque de tête d'homme en pierre, provenant du tombeau d'un seigneur de Montperroux, autrefois à l'église de Grury, XXXI, 447.

Guelma. Inscription trouvée à Guelma, mentionnant saint Martin de Tours, XXII, 412.

Gueneau (Lucien). Communications, XXII, 410; XXIII, 527. Nécrologie, XXXVI, 358.

Gueneau (Victor). Communication, XXXVIII, 416. Dons, XXI, 415; XXXVII, 389.

Guenot (Jean-Baptiste). Son procès au Tribunal révolutionnaire, XXVI, 387.

Guenot (Victor). Nécrologie, XXVIII, 403.

Guerres. L'Église d'Autun pendant la guerre de Cent Ans, XXVI, 1. Journal de Jean Gregaine pendant les guerres de la Ligue en Brionnais, XXXVIII, 1. Note sur les excès commis pendant les guerres de religion en Charollais, de 1569 à 1593, XXXVIII, 415.

Guiche (Charles-Amable, marquis de La). Son procès au Tribunal révolutionnaire, XXVII, 103.

Guiche (François et Pierre de La). Généalogie et armoiries, XXII, 25, 49.

Guignet (Adrien). Cinq dessins d'Adrien Guignet, donnés au musée de l'hôtel Rolin, XL, 415.

Guignet (Étienne-François). Nécrologie, XXV, 388.

Guignet (Jean-Baptiste). Portrait de Msr Angebault, évêque d'Angers, par J.-B. Guignet, d'Autun, provenant de la collection Bulliot, XXXI, 447.

GUILLAIN (Nicolas et Simon). Notice sur ces deux sculpteurs, XXVII, 439.

GUILLARD (l'abbé J.-M.). Mémoires, XXXVIII, 1 ; XL, 325.

GUILLAUME d'Auxonne. Note sur Guillaume d'Auxonne, évêque d'Autun, 1343-1344, XXXVIII, 297.

GUILLEMARDET (Ferdinand-Pierre-Marie-Dorothée). Député de Saône-et-Loire à la Convention nationale, XXXIV, 68 ; au Conseil des Cinq-Cents, XXXVI, 129. Son portrait par Goya, XXXIV, 376.

GUILLEMAUT (Lucien). Dons, XXIV, 468 ; XXXI, 431 ; XXXVII, 400.

GUILLERMIN (Claude-Nicolas). Député de Saône-et-Loire à la Convention nationale, XXXIV, 33.

GUILLIAUD (le chanoine Claude). Sa maison à Autun, XXI, 399. Supplément au catalogue de la bibliothèque de Claude Guilliaud, chanoine d'Autun, 1493-1551, XXXVIII, 219.

GUILLIER (Antoine). Son procès au Tribunal révolutionnaire, XXVIII, 233.

GUIMET (Émile). Dons, XXXV, 394, 402.

GUIOT (Sébastien). Son procès au Tribunal révolutionnaire, XXVII, 95.

GUTUATER. Inscriptions lapidaires d'Autun mentionnant un gutuater, XXVIII, 349, 388.

GUYOT (Sosthène). Nécrologie, XXXII, 420.

GUYTON (le docteur). Médaillon à son effigie, XXVII, 399.

H

HACHES. Haches provenant de l'Auxerrois, XXVI, 446 ; trouvées à Dracy-Saint-Loup, XXII, 460, XXV. 398 ; à Monthelon, XXVI, 445. Notes sur une hache à ailerons en bronze, trouvée à Lucenay-l'Évêque en 1897, XXV, 386 ; sur une hache spatuliforme de l'époque morgienne, trouvée à Dracy-Saint-Loup, XXXV, 390.

HAGIOGRAPHIE. La légende de saint Émiland, XXXVIII, 81. Contribution à l'histoire du culte de saint Lazare à Autun, XXXIV, 320. Culte de saint Marcel et de saint Valérien, XXXVII, 347.

HANNIBALIEN. Petit bronze à son effigie, trouvé à Autun, XXXIV, 318.

HARNACHEMENT. Pièce de harnachement en bronze de la collection Loydreau, XXXV, 390.

Hélène. Note sur un petit bronze à son effigie, trouvé à Autun, XXXIX, 333.

Hémery (Étienne). Sa vie et ses œuvres, XXVI, 177.

Hémery (l'abbé Ph.). Mémoire, XXVI, 177. Don, XXVI, 463.

Herennius Etruscus. A propos d'un denier d'Herennius Etruscus, trouvé à Autun, XXXVI, 325.

Hermès. Réplique de l'Hermès de Praxitèle, trouvée à Champdostre-lès-Auxonne en 1886, XXIV, 428.

Héron de Villefosse. V. *Villefosse*.

Heures. Livre d'heures manuscrit sur vélin du quinzième siècle, provenant de la collection d'Espiard, XXXIII, 378. Pages d'un livre d'heures manuscrit du seizième siècle, provenant de la collection Bulliot, XXX, 483.

Heuzey (Pierre). Nécrologie, XXXVIII, 414.

Hipposandales, trouvées dans l'étang du Bois-Jean-Gras, à Couches-les-Mines, XXII, 425.

Hirschfeld (Otto). Mémoire, XXVII, 255.

Histoire. Histoire locale, XXXIV, 311.

Hôpitaux. La Maison-Dieu de la Varenne d'Igornay, XXVIII, 369. La Maison-Dieu des Quatre Frères, XXX, 69. Quelques léproseries et Maisons-Dieu de l'ancien diocèse d'Autun, XXX, 496.

Hôtel Rolin, à Autun. Inauguration de la salle Bulliot, XXIV, 432. Souscription pour le dégagement de l'Hôtel Rolin en 1896, XXIV, 435. V. *Musée de l'Hôtel Rolin*.

Houillères. Note sur l'origine de la houillère et de la verrerie d'Épinac, XXXI, 117. François de La Chaise et les origines du Creusot, XXIV, 51.

Huet (Alexandre). Communication, XXXI, 440. Dons, XXI, 403, 421 ; XXII, 427, 461 ; XXIV, 432 ; XXV, 408 ; XXVI, 445, 463 ; XXVII, 442 ; XXIX, 455 ; XXX, 454, 468, 498 ; XXXI, 451 ; XXXIII, 336. Nécrologie, XXXIII, 347.

Huot (l'abbé Félix). Mémoire, XXVI, 147.

Hurault (Jacques). Note sur l'unique exemplaire connu des statuts synodaux publiés par Jacques Hurault, évêque d'Autun, XXVII, 437.

Hurault (Robert). Les derniers jours, la mort et les obsèques de Robert Hurault, abbé de Saint-Martin d'Autun, en 1567, XXXV, 141.

Hypocaustes. Débris d'hypocauste trouvés à Autun, rue de l'Arbalète, XXVI, 463 ; à Sainte-Radegonde, XXVII, 410. Note sur un hypocauste trouvé dans une maison gallo-romaine du faubourg Saint-Jean à Autun, XXXVI, 277, 382.

I

Ichthys. L'inscription autunoise de l'Ichthys, XXIX, 1. V. *Abercius*.

Iconographie. V. *Portraits*.

Igornay. Note sur la chapelle et la Maison-Dieu de la Varenne d'Igornay, XXVIII, 369.

Ile-Barbe (L'). Christ en bois, de l'époque romane, XXVI, 445.

Imprimeur. Notes sur le libraire et imprimeur dijonnais Pierre I. Grangier, XXXIV, 289 ; XXXVII, 360, 398.

Incendiés. Un bureau de secours aux incendiés du diocèse d'Autun en 1787, XXV, 333.

Incunables. Catalogue des incunables de la bibliothèque publique d'Autun, XXXIX, 109.

Industrie. V. *Couhard, Creusot, Cristallerie, Dentelle, Épinac, Fabriques, Houillères, Mines, Verrerie*.

Inscriptions. Inscription gauloise de Licnos Contextos au musée lapidaire d'Autun, XXXVII, 393. Inscriptions lapidaires d'Autun. mentionnant : un candidat, XXIII, 533 ; un gutuater, XXVIII, 349, 388 : un librarius, XXIII, 533. Inscriptions votives à Albius et Damona, XXIV, 437 ; à Borvo et Damona, XL, 413 ; à la déesse Tutela, XXXIX, 321, 387, 396, 399. Inscriptions funéraires trouvées à Tébessa, concernant deux légionnaires éduens, XXV, 393. Inscriptions d'Abercius, XXI, 395 ; grecque chrétienne d'Autun, dite de l'Ichthys, XXV, 394 ; XXIX, 1 ; d'Eufronia, XXXIX, 381, XL, 219 ; de Guelma, XXII, 412 ; de l'église de Saint-Marcel de Carreiret, XXXVII, 347. Copie d'une inscription rappelant une fondation faite par Marguerite Simonin, veuve de Jean Bertrand, le 5 janvier 1632, dans l'ancienne église de Luzy, XXVII, 430 ; inscription rappelant une fondation faite par Jérôme de la Vernée dans la même église, le 30 décembre 1633, XXVII, 430. Épitaphes de Doni d'Attichy, évêque d'Autun, XXIX, 469 ; de deux Autunois en l'église Saint-Louis-des-Français à Rome, XXV, 376 ; de Jacques Tatepoyre, XXVIII, 388. Inscription encadrant une représentation du chef de saint Jean-Baptiste dans l'église d'Auxey, XXVI, 434.

INSTRUCTION PUBLIQUE dans le département de Saône-et-Loire à la fin du Directoire, XL, 29.

INTAILLES. Six intailles provenant de la colonie militaire de *Viminiacium*, aujourd'hui Kostolatz (Serbie), XXXIV, 358. V. *Camée, Pierres gravées.*

ISSY-L'ÉVÊQUE. Issy-l'Évêque : seigneurie et paroisse, XXXVI, 51. Sceau orbiculaire du seizième siècle, trouvé dans le cimetière, XXXVIII, 425. Haches en pierre, XXXV, 403.

J

JACQUEMARD (A.-L.). Don, XXXIX, 381.

JACQUESON (Antoine). Son procès au tribunal révolutionnaire, XXVII, 209.

JACOB (Claude). Député de Saône-et-Loire à la Convention nationale, XXXV, 90.

JAMES (Claude). Député de Saône-et-Loire à l'Assemblée législative, XXXII, 226.

JANTHIAL (Louis). Son procès au tribunal révolutionnaire, XXVII, 175.

JARDINS. Les jardins du château de Rouvres au quatorzième siècle, XXII, 157.

JARLOT (James). Dons, XXXII, 416 ; XXXVIII, 401. Nécrologie, XXXVIII, 382.

JANOUSSE (Charles-Athanase DUPUY de LA). Son procès au tribunal révolutionnaire, XXVII, 111.

JEAN-BAPTISTE (Saint). Observations de M. Kleinclausz sur une statue de saint Jean-Baptiste, du quinzième siècle, au musée de l'Hôtel Rolin, XXXV, 398. Inscription encadrant une représentation du chef de saint Jean-Baptiste dans l'église d'Auxey, XXVI, 434.

JEANNE de France, fille de Louis X le Hutin et reine de Navarre. Une fille de France, reine de Navarre à Uchon, d'après une enquête de 1378, XXXIX, 1.

JEANNEZ (Edouard). Don, XXIV, 431. Nécrologie, XXV, 400.

JEANNIN (Octave). Nécrologie, XXVI, 429.

JEANNIN (le Président). Autographe, XXVII, 404. Mausolée à la cathédrale d'Autun, XXVII, 439. Médaille de bronze à son effigie, XXXI, 429. Montjeu et ses seigneurs : le président Jeannin et ses descendants (1596-1748), XXI, 195 ; XL, 227.

JÉROME (Saint). Tableau sur bois, le représentant en prière, XXXIV, 374.

JETONS des États d'Artois et de Bourgogne, XXVI, 445 ; du duché de Nevers, XXVI, 463.

JEU (le comte du). Nécrologie, XXV, 382.

JEUX. Le jeu des latroncules chez les Romains, XXXIV, 325. Le jeu du fort chez les Romains, XXXVI, 267.

JOUANIN (le docteur). Don, XXIII, 541. Nécrologie, XXV, 403.

JOURNET (Claude-Marie). Député de Saône-et-Loire à l'Assemblée législative, XXXII, 190.

JOVET (Bernard). Son portrait au musée de l'Hôtel Rolin, XXI, 382.

JOVET (Claude). Quelques pièces de sa collection, XXI, 389 ; XXIX, 433, 437, 439 ; XXXI, 448 ; XXXIV, 318 ; XXXV, 366 ; XXXVIII, 429.

JUIFS. Les colonies juives de la Bourgogne méridionale du septième au onzième siècle, XXXIX, 395.

JULLIEN (Antoine). Dons, XXXVI, 390 ; XXXIX, 380, 382.

JUMEAUX (Saints). Ancienne chapelle et son sceau du quatorzième siècle, XXIV, 465.

JUSTICE dans le département de Saône-et-Loire à la fin du Directoire, XL, 24.

L

LA BALMONDIÈRE. V. *Tonduti de la Balmondière.*

LABANDE (L.-H.). Don, XXVIII, 424.

LA BOUTIÈRE (Georges de). V. *Boutière.*

LACATTE (l'abbé). Communication, XXIII, 516. Don, XXI, 1. Nécrologie, XXVII, 413.

LA CERVE (Antoine-Louis DESVIGNES de). V. *Cerve.*

LA CHAISE (François de). V. *Chaise.*

LAC-LÈS-ANZY. Notice sur le fief du Lac-lès-Anzy, en Brionnais, XXXI, 5.

LACOMME (Emmanuel). Don, XXVIII, 408.

Lacreuze (l'abbé). Communications et mémoires, XXI, 396, 419, 420, 423 ; XXII, 404, 441 ; XXV, 105, 384, 385, 386. Dons, XXI, 5, 391; XXII, 444, 462, 466; XXIII, 534, 535; XXIV, 432. Nécrologie, XXV, 381.

Lacroix (Hippolyte). Nécrologie, XXIV, 457.

La Folie. V. *Folie*.

Lagena. Poculum et lagena. Un type de stèles funéraires en pays éduen, XXX, 251.

La Genetoye, V. *Genetoye*.

La Goulaine. V. *Goulaine*.

La Grange (Gabriel de). V. *Grange*.

La Guiche (Charles-Amable, marquis de). V. *Guiche*.

La Guiche (François et Pierre de). V. *Guiche*.

Laizy. Notes sommaires sur l'église de Laizy et son mobilier d'art, XXXIV, 267. Substructions antiques et découvertes archéologiques dans le champ de Menetré en 1893, XXII, 404.

La Jarousse (Charles-Athanase Dupuy de). V. *Jarousse*.

Laligant (Pierre-Bénigne). Son procès au tribunal révolutionnaire, XXVII, 117.

La Magdelaine (Léonor de). V. *Magdelaine*.

La Mare (Philibert de). V. *Mare*.

Lambert (Jean-Baptiste). Son procès au tribunal révolutionnaire, XXVI, 337.

La Méthenie Sorbier (Antoine de). V. *Métherie-Sorbier*.

La Motte-Bouchot. V. *Motte-Vouchot*.

La Motte-sur-Dheune. V. *Motte-sur-Dheune*.

La Motte-Ternant. V. *Motte-Ternant*.

La Motte-Vouchot. V. *Motte-Vouchot*.

Lampes antiques, provenant des fouilles de Carthage, XXI, 411. Lampe en bronze de la collection Loydreau, XXXV, 390. Lampes romaines d'Afrique, XXVIII, 408. Lampe en fer et à crochet, trouvée à Autun, XXII, 427. Lampe romaine en terre rouge, signée Attilus. f., trouvée à la Folie en 1907, XXXV, 368. Fragment de lampe en terre cuite, signée T. Gelli, trouvée à Monthelon, XXVI, 445. Moulage d'une lampe romaine, XXVII, 411. Note sur deux lampes antiques en bronze, appartenant au musée de la Société Éduenne, XXXVII, 10. Note sur une lampe en bronze, trouvée à Autun, XXXVII, 277.

Lamy (Étienne). Don, XXIX, 455.

Lance. Chainette en or, attachée à une lance de l'âge du bronze, XXXI, 1.

Landriot (Mgr J.-B.). Notice biographique, XXIII, 1.

Lanneau (Pierre-Antoine-Victor de). Député suppléant de Saône-et-Loire à l'Assemblée législative, XXXII, 250.

Lapalus (Jean-Marie). Son procès au tribunal révolutionnaire, XXVI, 366.

Lapetite (Antoine). Son procès au tribunal révolutionnaire, XXVII, 215.

Laplanche (Maurice de). Don, XXII, 466. Nécrologie, XXXII, 421.

La Poippe (Claude de). V. *Poippe.*

La Porcheresse. V. *Porcheresse.*

La Prée-sous-Arcy. V. *Prée-sous-Arcy.*

La Ramisse (Pierre-Louis de). V. *Ramisse.*

Larmagnac (Claude). Député de Saône-et-Loire au Conseil des Anciens, XXXIX, 32; élu au conseil des Cinq-Cents, XXXVIII, 145.

La Rochepot. V. *Rochepot.*

Larroumet (Gustave). Don, XXIX, 438.

La Toison. V. *Toison.*

Latouche (le docteur Frédéric). Don, XXVIII, 424. Nécrologie, XXXVIII, 403.

La Tournelle. V. *Tournelle.*

La Trémoille (Georges de). V. *Trémoille.*

Latroncules. Le jeu des latroncules chez les Romains, XXXIV, 325.

Laureau (Flavien). Nécrologie, XXVI, 456.

Laurent (Charles-François). Son procès au tribunal révolutionnaire, XXVI, 297.

Laurent (Jacques). Don, XXIX, 455.

Lavaivre de la Forge (Jean-Claude de). Député suppléant de Saône-et-Loire à l'Assemblée législative, XXXII, 248.

La Varenne. V. *Varenne.*

Laveaux (Étienne Mayneaud de Bisfranc ou Bizefranc de). V. *Mayneaud de Bisfranc ou Bizefranc de Laveaux.*

La Vernée (Jérôme de). V. *Vernée.*

Lazare (Saint). Contribution à l'histoire du culte de saint Lazare à Autun, XXXIV, 320. Le tombeau de saint Lazare à la cathédrale d'Autun en 1705, XXXIV, 183. Quelques débris provenant de son tombeau et conservés au musée de l'Hôtel Rolin, XXXI, 447 ; XXXIII, 369 ; XXXIX, 376. Un reliquaire inconnu destiné au chef de saint Lazare d'Autun, XXXV, 310.

Le Belin (Charlotte), veuve de Jean-Baptiste de Mac Mahon. V. Mac Mahon.

Le Breuil. V. Breuil.

Lebrun (l'abbé). Nécrologie, XXVIII, 415.

Lecomte (Jean-Marie). Son procès au tribunal révolutionnaire, XXVI, 329.

Le Creusot. V. Creusot.

Legeay (Auguste). Nécrologie, XXV, 373.

Léger (Antoine). Son procès au tribunal révolutionnaire, XXVI, 301.

Légionnaires. Inscriptions funéraires, trouvées à Tébessa, concernant deux légionnaires éduens, XXV, 393.

Lejeune (le docteur). Dons, XXI, 404 ; XXV, 408.

Lelong (Mgr Étienne). Notice nécrologique, XXXI, 435.

Le Peletier de Saint-Fargeau (Michel). V. Peletier de Saint-Fargeau.

Lephilibert (l'abbé François). Don, XXXVI, 390.

Lépine (le chanoine). Nécrologie, XXVI, 431.

Le Plessis. V. Plessis.

Lequin (Jean-Marie). Nécrologie, XXXVI, 379.

Lequin (l'abbé). Don, XXI, 405.

Lespinace (Oudart de), seigneur de Champallement. Sa fondation d'une messe à la cathédrale d'Autun, XXXV, 307.

Lespinasse (René de). Don, XXXIX, 402.

Lettres de grâce ou de rémission délivrées en 1469 par Charles le Téméraire, XXX, 447.

Lévis (Marc-Antoine de). Son procès au Tribunal révolutionnaire, XXVI, 382.

Lex (Léonce). Communications, XXXIII, 370 ; XXXIX, 349, 358. Compte rendu de sa brochure : *Musiciens bourguignons du dix-huitième siècle : Lazare et Claude Rameau, frère et neveu du grand Rameau*, XXXIV, 375. Dons, XXXI, 416 ; XXXIV, 375, 378.

Lhomme de Mercey (Gabriel). Dons, XXII, 461 ; XXIV, 441 ; XXV, 407 ; XXVI, 437.

Libraire. Notes sur le libraire et imprimeur dijonnais Pierre I. Grangier, XXXIV, 289.

Libri. Ses vols à la bibliothèque du grand séminaire d'Autun, en 1842, XXVI, 458.

Lièvre (Gabriel). Don, XXVIII, 407.

Ligue. Journal de Jean Gregaine, bourgeois de Marcigny, pendant les guerres de la Ligue en Brionnais, 1589-1596, XXXVIII, 1.

L'Ile-Barbe. V. *Ile-Barbe*.

Lippert (le docteur Woldemar). Communication et mémoire, XXI, 398 ; XXV, 1. Compte rendu de son livre : *Die deutschen Lehnbücher, Beitrag zum Registerwesen und Lehnrecht des Mittelalters*, XXXIV, 395. Dons, XXI, 390 ; XXX, 467 ; XXXII, 417 ; XXXIII, 337 ; XXXVII, 374.

Liturgie. Antiphonaire sur vélin de la fin du quinzième siècle, provenant de l'ancienne chartreuse de Champmol, à Dijon, XXIX, 448, 453. Bréviaire éduen manuscrit du quinzième siècle, XXXI, 135. Deux manuscrits liturgiques du quinzième siècle, faussement attribués à l'église d'Autun, XXV, 313. Livre d'heures sur vélin du quinzième siècle, provenant de la bibliothèque d'Espiard, XXXIII, 378. Livres liturgiques donnés à la collégiale Notre-Dame d'Autun par Nicolas Rolin, chancelier de Bourgogne, XXXIII, 285. Missel aux armes du cardinal Rolin, conservé à la bibliothèque de la ville de Lyon, XXX, 438. Missel du quinzième siècle d'origine éduenne, à la bibliothèque municipale de Toulouse, XXVIII, 404. Rituel du quinzième siècle, prétendu autunois, XXIII, 514, XXV, 313.

Longuy (Henri de). Dons, XXI, 404, 415 ; XXII, 427 ; XXIV, 450 ; XXVII, 429, 440 ; XXVIII, 392, 408. Nécrologie, XXVII, 432.

Longuy (Louis de). Don, XXXII, 487.

Longvy, seigneurs de Chaseu, XXXVI, 5.

Louvencourt (le comte Henry de). Nécrologie, XXXIII, 375.

Louvencourt (le vicomte Louis-Marie-Georges de). Nécrologie, XXVIII, 396.

Loydreau (le docteur Guy-Édouard). Don, XXX, 498. Sa collection, XXV, 397 ; XXXIV, 353 ; XXXV, 199, 389. Nécrologie, XXXIV, 351.

Lucenay-l'Évêque. Hache à ailerons en bronze trouvée en 1897, XXV, 386. Statuette en bois de saint Georges, provenant de l'ancienne chapelle du château de Visigneux, XXIX, 455.

Lubrion de l'Égouthail (Henri de). Don, XXII, 467.

Lutteur. Statuette de lutteur en bronze, trouvée à Autun, réplique de la statue conservée à Rome au musée des Thermes de Dioclétien, XXV, 377.

Luzy. Copie d'une inscription rappelant une fondation dans l'ancienne église de Luzy par Marguerite Simonin, veuve de Jean Bertrand, décédée le 15 mars 1632 ; inscription rappelant une fondation de Jérôme de la Vernée dans l'ancienne église de Luzy, XXVII, 430. Origines du prieuré de Saint-André, XXII, 411.

Lyon. Aqueducs romains, XXIII, 535. Les Accusés de Saône-et-Loire devant les commissions révolutionnaires de Lyon, XXIX, 169. Missel aux armes du cardinal Rolin, conservé à la bibliothèque municipale, XXX, 438. Voyage de Courtépée, XXII, 226.

M

Mac Mahon (Charlotte Le Belin, veuve de Jean-Baptiste de). Son procès devant le tribunal révolutionnaire, XXIX, 243.

Mac Mahon (le maréchal de). Nécrologie, XXI, 422 ; XXII, 403.

Mac Mahon (le marquis Charles-Marie de). Nécrologie, XXII, 451.

Mac Mahon (Mme la marquise de). Dons, XXIX, 454 ; XXX, 497 ; XXXVI, 383 ; XL, 383, 427, 429.

Macon. Académie : centenaire de sa fondation, XXXIII, 379 ; invitation aux fêtes du millénaire de Cluny, XXXVIII, 417 ; visite à la Société Éduenne, XXIV, 442. Armorial du chapitre noble des chanoines séculiers de Saint-Pierre (1559-1689), XXII, 1 ; XXIII, 93. Benoit Fontanettes, poète du dix-septième siècle, XXVII, 67. Monastère de la Visitation, XXII, 365.

Magdelaine, marquis de Ragny (Léonor de La). Son portrait, XXXVII, 372.

Magnence. Magnence, proclamé empereur à Autun en 350, XXXIV, 1. Le pécule d'un légionnaire de Magnence, XXXVI, 320. Tessère en bronze à son effigie trouvée à Autun, XL, 425.

Mailly, marquis de Chateaurenaud (Alexandre-Antoine-Marie-Gabriel-Joseph-François). Député de Saône-et-Loire à la Convention nationale, XXXV, 47 ; au Conseil des Anciens, XXXIX, 23.

Mairie. Les malversations de Nicolas-Jean Barault à la mairie d'Autun et sa destitution, 1735-1737, XXXVIII, 428.

Maisons d'Autun : au porcelet, rue des Bancs, XXI, 385 ; de Claude Guilliaud, de François et de Pierre-Marie de Chalon, rue de Riveau, XXI, 399 ; de Denys Poillot, rue Cocand, XXXVI, 327. Peintures murales du quinzième siècle dans une chambre, rue de Riveau, XXXIX, 366. Restauration d'une maison des quinzième et seizième siècles, grande rue Marchaux, XL, 423.

Maison-Bourgoux. Monnaies en argent du seizième siècle trouvées en 1907, XXXVI, 374.

Maison-Dieu. La Maison-Dieu de la Varenne d'Igornay, XXVIII. 369. La Maison-Dieu des Quatre Frères, XXX, 69. Quelques léproseries et Maisons-Dieu de l'ancien diocèse d'Autun, XXX, 496.

Maizière (Roger de). Nécrologie, XXXVII, 364.

Maldant (Louis). Nécrologie, XXXIX, 394.

Maleyssie (Anioine-Charles Tardieu, marquis de). Son procès au tribunal révolutionnaire, XXIX, 226.

Mallard (Louis). Manuscrits liturgiques du quinzième siècle, provenant de son cabinet, XXIII, 514; XXV, 313; XXXI, 135. Nécrologie, XXX, 458.

Malvin de Montazet (Antoine). V. *Montazet*.

Mamessier (François-Marie). Son procès au tribunal révolutionnaire, XXVII, 212.

Mamessier (l'abbé). Nécrologie XXII, 416.

Mangematin (l'abbé Alphonse). Nécrologie, XXVIII, 396.

Mangematin (Jean-Baptiste). Nécrologie, XXX, 434.

Mangematin-Follot. Nécrologie, XXXV, 363.

Manufacture. V. *Dentelle, Fabriques*.

Manuscrits. Manuscrits du grand séminaire d'Autun, mutilés par Libri en 1842, XXVI, 458. Analogies des Evangiles de l'abbaye de Prüm avec le Sacramentaire du grand séminaire d'Autun, XXXI, 412. Manuscrit sur papier de la fin du treizième siècle, contenant une analyse critique de quelques traités d'Aristote, XXVIII, 424. Antiphonaire sur vélin de la fin du quinzième siècle, provenant de l'ancienne chartreuse de Champmol à Dijon, XXIX, 448, 453. Bréviaire éduen manuscrit du quinzième siècle, XXXI, 135. Collectaire éduen du quinzième siècle à la bibliothèque du grand séminaire d'Autun, XXIX, 437. Deux manuscrits liturgiques du quinzième siècle, faussement attribués à l'église d'Autun, XXV, 313. Feuillet détaché d'un office de Saint-Léger (quinzième siècle), XXV, 397. Inventaire des manuscrits trouvés

à Paris en l'hôtel du cardinal Rolin après son décès, XXXIII,
297. Livres d'heures sur vélin du quinzième siècle, provenant de
la bibliothèque d'Espiard, XXXIII, 378. Livres liturgiques donnés
à la collégiale Notre-Dame d'Autun par Nicolas Rolin, chancelier
de Bourgogne, XXXIII, 285. Missel aux armes du cardinal Rolin,
conservé à la bibliothèque de la ville de Lyon, XXX, 438. Missel
du quinzième siècle d'origine éduenne, à la bibliothèque municipale de Toulouse, XXVIII, 404. Rituel du quinzième siècle,
prétendu autunois, XXIII, 514; XXV, 313. Pages d'un livre
d'heures du seizième siècle, provenant de la bibliothèque Bulliot, XXX, 483. Manuscrits de D. Merle, XXXIII, 379; du médecin
Tronchin, XXII, 404; de l'abbé Guillaume Bredault, XXXIX, 358.

MARC (Henri). Mémoire, XXVI, 259. Dons, XXII, 466; XXIII, 517,
525; XXIV, 467; XXVI, 444; XXVII, 409; XXVIII, 390. Nécrologie, XXX, 459.

MARC (Jules). Compte rendu de sa brochure : *L'avènement du
chancelier Rolin, décembre 1422,* XXXIV, 374. Don, XXXIV, 378.

MARCEL (Saint). Culte de saint Marcel et de saint Valérien, XXXVII,
347.

MARCIGNY. Journal de Jean Gregaine, bourgeois de Marcigny, pendant les guerres de la Ligue en Brionnais (1589-1596), XXXVIII, 4.

MARE (Philibert de LA). Quelques renseignements inédits sur sa
bibliothèque, XXXV, 314.

MARGUERITE DE FLANDRE. Le château de Germolles et Marguerite
de Flandre, XL, 147.

MARIE-MADELEINE (Sainte). Sa statue en pierre, du douzième siècle,
au musée lapidaire d'Autun, XXIX, 437.

MARILLIER (Philibert). Dons, XXII, 414; XXXIX, 386, 396. Nécrologie, XXXIX, 408.

MARINS (Robert des). Généalogie et armoiries, XXIII, 117.

MARLOT (Hippolyte). Communications, XXVII, 407; XXIX, 355. Dons,
XXIV, 440; XXV, 397, 408; XXVI, 437; XXVII, 398; XXXII, 417;
XXXIV, 362; XXXVI, 375, 385; XXXVII, 372, 394, 396; XXXVIII,
402, 431; XXXIX, 397; XL, 417.

MARMAGNE. Fragment de brique, signé Alle..., trouvé au domaine
des Cloix, XXVII, 398. Stèle funéraire de l'époque romaine,
XXVII, 410. Sépultures découvertes sur l'emplacement de l'ancienne église, XXXVII, 372.

— 48 —

Maron (Albert). Dons, XXIV, 467; XXVI 437; XXIX, 454; XXXIV, 385. Nécrologie, XXXVI, 386.

Mans (Jacques de). Généalogie et armoiries, XXII, 47.

Martenne (E. de). Don, XXVII, 410.

Marthe (Sainte). Sa statue en pierre, du douzième siècle, au musée lapidaire d'Autun, XXIX, 437.

Martin de Tours (Saint). Inscription de Guelma, XXII, 412.

Martin (Émile). Nécrologie, XXX, 443.

Martin (Félix). Don, XXV, 408.

Martin (Joseph-Jacques), de Saint-Prix. Sa carrière avant et pendant la Révolution, XXXV, 401.

Martin (Lazare-Théodore). Nécrologie, XXVI, 428.

Martin (René-Charles). Nécrologie, XXVI, 455.

Martin (l'abbé). Communication, XXII, 464. Dons, XXII, 443; XXIV, 468.

Martin (M.). Don, XXI, 415.

Martinet (l'abbé Adrien). Mémoires, XXII, 1; XXIII, 93; XXIV, 35. Dons, XXVII, 399; XXVIII, 393; XXXIX, 396. Nécrologie, XXXIX, 387.

Marville (Jean de). Ses recherches aux environs d'Autun pour le tombeau de Philippe le Hardi, XXXVII, 399.

Masin (le vicomte de). Nécrologie, XXXV, 373.

Masques. Masques céramiques trouvés à Autun, XXI, 1. Masque de tête d'homme en pierre, provenant du tombeau d'un seigneur de Montperroux, autrefois dans l'église de Grury, XXXI, 447. Masque tragique en marbre provenant des collections Jovet et Bulliot, XXXI, 448. Petit masque de figurine en terre cuite, XXVI, 445.

Masson (Antoine). Son procès au Tribunal révolutionnaire, XXVI, 302.

Masuyer (Claude-Louis). Député de Saône-et-Loire à l'Assemblée législative, XXXII, 204; à la Convention nationale, XXXIII, 193. Son procès au Tribunal révolutionnaire, XXVI, 356.

Mathias (Benoît). Son procès au Tribunal révolutionnaire, XXVII, 155.

Mathias (Jacques). Député suppléant du tiers-état pour le bailliage de Chalon aux États généraux, XXXI, 212.

Matidie. Monnaie en argent à son effigie, XXXIII, 377.

Mausolée. Mausolée Jeannin à la cathédrale d'Autun, XXVII, 439.

Mavilly. Observations critiques sur les bas-reliefs gallo-romains de Mavilly, XXVII, 357; XXVIII, 377.

Maximin. Pendentif romain en or, portant enchâssée une simili-monnaie de l'empereur Maximin I, XXXVIII, 355.

Mazeran (Mme). Don, XXXII, 488.

Mazuyer (Claude-Louis). V. *Masuyer*.

Mayneaud de Bisfranc ou Bizfranc de Laveaux (Étienne). Député suppléant de la noblesse pour le bailliage de Charolles aux États généraux, XXXI, 230. Député de Saône-et-Loire au Conseil des Anciens, XXXIX, 73.

Médailles. Médaille en argent au nom du vergobret Diasulos, XXVII, 395, 398. Trois médailles gauloises attribuées aux Éduens, XXVI, 445. Nomenclature chronologique des médailles romaines trouvées sur le sol éduen, où figure le nom des Gaules, XXXVII, 359. Moyen bronze du siècle des Antonins, XXII, 461. Médaillon à l'effigie de Commode, XXXVIII, 429. Médailles de Constance II, XXXIX, 352; de Domitien, XXV, 408. Médaillon de Gallien, XXXVI, 438, 441. Aureus de Septime Sévère, XXX, 479. Médailles romaines en bronze, XXXI, 410. Médaille en bronze à l'effigie du président Jeannin, XXXI, 429. Plaquette frappée en l'honneur de M. Adrien Arcelin, XXXIII, 330. Médaille à l'effigie de M. Louis Renault, XXXV, 376. Médaille obtenue par la Société Éduenne à l'exposition de 1900, XXVIII, 395, 418; XXX, 471. V. *Monnaies*.

Médaillon. V. *Médailles, Portraits*.

Méhu (l'abbé). Nécrologie, XXVIII, 398.

Mélanges d'histoire, d'archéologie et de bibliographie locales. Leur but, XXXIV, 311.

Menand (Émile). Dons, XXV, 380; XXX, 498; XXXII, 437; XXXIII, 405; XXXVI, 384.

Mengin (le baron de). Don, XXVIII, 423.

Menni (Giovanni). Nécrologie, XXVII, 420.

Menni (Mme). Don, XXIX, 470.

Mercier (Jean). Son procès au Tribunal révolutionnaire, XXVIII, 237.

Mercure. Réplique d'une statue de Praxitèle, XXIV, 428, 432. Statuette en bronze de Mercure assis trouvée à Autun, en 1904, XXXIII, 275.

Merle (Albert). Dons, XXVI, 445; XL, 415.

MERLE (Marie-André). Député du bailliage de Mâcon à l'Assemblée constituante, XXXII, 159.

MERLE (Dom Zacharie). Ses papiers et travaux manuscrits, conservés à la bibliothèque de la Société Éduenne, XXXIII, 379.

MESDAMES DE FRANCE. Leur arrestation à Arnay-le-Duc en 1791, XXXVIII, 424.

MESLÉ (Émile RAHIOT de). Nécrologie, XXIII, 519.

MESURE en calcaire, trouvée dans les ruines du château de Toulon, XXII, 425.

MESVRES. Addition aux annales historiques du prieuré, XXVI, 171. Église Notre-Dame, XXXV, 285. Fête de la Certenue, transférée au bourg de Mesvres, XXXVII, 388. Pièces de monnaie du quinzième siècle, en bronze, trouvées au prieuré, XXI, 391.

MÉTÉOROLOGIE. Observations météorologiques faites à Autun, de 1868 à 1892, XXI, 47. Projet d'organiser un service d'observations météorologiques dans le département de Saône-et-Loire, XXXI, 413. Observations météorologiques dans le département de Saône-et-Loire, en 1903 et en 1904, XXXII, 470; en 1905, XXXIV, 368, 381.

MÉTHERIE-SORBIER (Antoine de LA). Député du bailliage de Mâcon à l'Assemblée constituante, XXXII, 156.

METMAN (Étienne). Don, XXXVIII, 430.

MEUBLES conservés au musée de l'Hôtel Rolin. Meuble italien du seizième siècle, XXII, 440. Secrétaire-bureau en marqueterie du dix-huitième siècle, XXXVII, 375.

MICHAUD, chartreux et sorcier, XXIX, 448.

MICTE (Gaspard). Généalogie et armoiries, XXII, 51.

MILLARD (Charles-Louis). Député de Saône-et-Loire à la Convention nationale, XXXV, 94.

MILLÉNAIRE. Invitation aux fêtes du millénaire de Cluny, XXXVIII, 417.

MILLIARD (Ernest). Don, XXXIX, 386.

MILLIER. Dons, XXVII, 410, 430.

MILOT (Jean). Son procès au tribunal révolutionnaire, XXVII, 167.

MINÉRALOGIE. Note sur l'autunite, sa découverte et ses propriétés radioactives, XXXIII, 331.

MINES. Histoire d'une prétendue mine d'argent à Autun, XXXIV, 342. Note sur l'origine de la houillère et de la verrerie d'Épinac, XXXI, 117. François de La Chaise et les origines du Creusot, XXIV, 51.

Miniatures. Album de miniatures (douzième-quinzième siècles), provenant de la bibliothèque Bulliot, XXX, 479. Page miniaturée du second volume du Pontifical d'Antoine de Chalon, évêque d'Autun (1483-1500), XXXI, 446.

Missels. Missel manuscrit du quinzième siècle, faussement attribué à l'église d'Autun, XXV, 316. Missel aux armes du cardinal Rolin, conservé à la bibliothèque de la ville de Lyon, XXX, 438.

Moissard-Duplanet (J.-L. de). Généalogie et armoiries, XXIII, 175.

Monard (Alphonse de), Communications et mémoires, XXI, 195, 385, 401 ; XXIV, 51. Nécrologie, XXI, 355.

Monard (le général Jean-Nicolas de). Député élu de Saône-et-Loire au Conseil des Cinq-Cents, XXXVIII, 145.

Monard (le général Jules de). Dons, XXVIII, 392 ; XXX, 468 ; XXXVI, 390.

Monastères. Origines du prieuré de Saint-André de Luzy, XXII, 411. Addition aux annales historiques du prieuré de Mesvres, XXVI, 171. Les monastères de la Visitation Sainte-Marie dans le diocèse d'Autun, XXII, 295 ; XXIII, 241 ; XXIV, 301. Le prieuré du Val-Saint-Benoît, XXXV, 207 ; XXXVI, 223 ; XXXVII, 123 ; XXXVIII, 153. V. *Abbayes*.

Monay. Monay, son château et ses seigneurs, XXVII, 33. Jean de Torcy, seigneur de Monay et d'Ocle, XXXIX, 360.

Monétaires. Coins monétaires de Paray-le-Monial, XXX, 371.

Monier (Michel-Louis). Son portrait au musée de l'Hôtel Rolin, XXXVII, 394.

Monnaies. Inventaire général des monnaies antiques recueillies au mont Beuvray de 1867 à 1898, XXVII, 313. Aureus et petit bronze d'Auguste, XXIII, 516 ; XXVI, 445. Petits bronzes de Carausius, XXXVII, 339 ; de Carin, XXXIV, 318 ; de Claude II le Gothique, XXXVIII, 398 ; de Constantin, XXXIII, 378 ; de la famille des Constantin, XXVI, 445. Médailles en bronze de Décence, XXXVI, 320. Petits bronzes de Delmace, XXXVIII, 400 ; de Dide Julien, XXXVIII, 423. Aureus de Dioclétien, XXXIX, 333. Aureus et moyen bronze de Domitien, XXXVII, 345 ; XXV, 397. Petits bronzes d'Hannibalien, XXXIV, 318 ; d'Hélène, XXXIX, 333. Denier d'Herennius Etruscus, XXXVI, 325. Médailles et tessère en bronze à l'effigie de Magnence, XXXVI, 320 ; XL, 425. Monnaies en argent de Marciane et de Matidie, XXXIII, 377. Denier en billon de Postume, XXXVII, 339. Petit bronze de Salo-

nin, XXXV, 305. Aureus de Salonine, XXXVII, 371. Petit bronze
de Tetricus, XXI, 416. Moyen bronze de Tibère, XXVII, 410.
Monnaie en argent et moyen bronze de Vespasien, XXXVI, 389 ;
XXV, 386. Monnaies romaines trouvées à Autun, XXII, 427 ;
XXXI, 343, 429; XXXIII, 275; aux champs Saint-Roch, près
Autun, XXII, 442. Deniers romains découverts au mont Beuvray
en 1895, XXIII, 528. Monnaies romaines de la collection d'Espiard,
XXXIII, 377-378; de la colonie militaire de *Viminiacium*, aujour-
d'hui Kostolatz (Serbie), XXXIII, 379 ; XXXIV, 358. Moules de
monnaies antiques trouvés à Autun, XXV, 45. Triens mérovingiens
frappés à Autun, XXXV, 369; XXXVII, 385 ; autre frappé à Gre-
noble, XXXVI, 373. Denier en argent de Carloman, XXXVII, 385.
Deniers carolingiens de l'atelier monétaire d'Autun, XXIV, 465 ;
XXXIII, 378. Triens et deniers frappés à Autun, XXX, 461. Triens
de l'atelier monétaire d'Orléans, XXXIII, 378. Monnaies recueillies
à Autun, au cimetière Saint-Blaise (quinzième-dix-neuvième
siècles), XXII, 442; au prieuré de Mesvres (quinzième siècle),
XXI, 391 ; dans le clocher de l'église de Saint-Pierre-de-Varennes
(quinzième siècle), XXII, 441 ; à Cussy-en-Morvan (seizième
siècle), XXXVI, 374. Pièces espagnoles du seizième siècle trouvées à Saint-Nizier, XXVII, 425. V. *Jetons*, *Médailles*.

Montagnon (Émile). Don, XL, 385.

Montangon (le comte Anatole de). Nécrologie, XXII, 431.

Montarlot (Paul). Communications et mémoires, XXI, 265; XXII,
83; XXIII, 329; XXIV, 203; XXV, 65, 333; XXVI, 279; XXVII, 85,
436; XXVIII, 191; XXIX, 155; XXX, 281; XXXI, 141; XXXII, 133:
XXXIII, 181; XXXIV, 33; XXXV, 43, 169, 317, 404; XXXVI, 121;
XXXVII, 161; XXXVIII, 95, 424; XXXIX, 23, 399; XL, 1, 412. Dons,
XXIII, 541; XXVI, 444, 452; XXVII, 409; XXVIII, 391; XXX, 488;
XXXIII. 336, 345; XXXV, 369, 402; XXXVII, 389; XXXIX, 402;
XL, 429. Médaille d'or décernée par l'Académie de Dijon, XXXIX,
384.

Montazet (Antoine Malvin de), évêque d'Autun. Cliché à ses
armes, XXXVII, 395.

Montcenis. La châtellenie, XXIX, 289; XXX, 161. Document inédit
concernant le château ducal de Montcenis, XXXIX, 349.

Montdru, près Autun. Aqueduc, XXIX, 460. Statue en bois provenant de l'ancienne chapelle Saint-Laurent du Montdru, XXXVIII,
400.

Montessus de Ballore (Henry de). Don, XXXVII, 400.

Montessus, comte de Rully (Patrice-Gabriel Bernard de). V. *Rully*.

Montgilbert (François). Député de Saône-et-Loire à la Convention nationale, XXXV, 82, 404.

Montginot (Claude-Louis de). Son procès au Tribunal révolutionnaire, XXVIII, 249.

Monthelon. Fontaine Saint-Barthélemy, XXI, 424. Moulage d'un écusson aux armes de Rabutin, au château de Monthelon, XXII, 414. Objets trouvés à l'emplacement de la villa romaine de Chantal, XXVI, 445. Pièces du chartrier de Chantal données à la Société Éduenne, XL, 415. Poteries en terre noire micacée, à décors rubannés, XXXVIII, 293, 415. Scaïole romaine, médaille gauloise et monnaies romaines découvertes dans les fondations du nouveau clocher de l'église, XXI, 407. Socle portant le nom de saint Nicolas avec la devise *Deum time* conservé à l'église, XXVIII, 424. Stèle, XXI, 423.

Montholon (Jean de). Une découverte par Jean de Montholon en 1516 : le *De sacramento altaris* d'Étienne de Bâgé, évêque d'Autun, XXXVI, 322.

Montholon-Sémonville, prince d'Umbriano (le marquis de). Dons, XXVI, 444 ; XXIX, 470 ; XXXV, 381. Nécrologie, XXXVII, 391.

Montholon (Maison de). Inventaire de ses titres(1200-1900), XXIX, 462.

Montillet (Louis-Marie de). Son procès au Tribunal révolutionnaire, XXIX, 231.

Montjeu. Montjeu et ses seigneurs : le président Jeannin et ses descendants (1596-1748), XXI, 195, XL, 227. Michel Le Peletier de Saint-Fargeau, dernier seigneur de Montjeu, XXXIV, 394. Voyage de Courtépée, XXI, 97. Deux vues du château en 1611, XXXI, 432.

Montmegin. Description de la chapelle, XXXV, 288.

Montmessin (François). Son procès au tribunal révolutionnaire, XXVI, 390.

Montmorillon (le marquis Saladin de). Nécrologie, XXVIII, 386.

Montmort. Fer de hallebarde, trouvé à Celzy, XXXIII, 346.

Montperroux. Masque de tête d'homme en pierre de la collection Bulliot, provenant du tombeau d'un seigneur de Montperroux, autrefois à l'église de Grury, XXXI, 447.

Montrevel (Florent-Alexandre-Melchior de La Baume, comte de). Député du bailliage de Mâcon à l'Assemblée constituante, XXXII, 143. Son procès au tribunal révolutionnaire, XXVII, 142.

Mont-Saint-Jean. Excursion de la Société Éduenne en 1912, XL, 401.

Mont-Saint-Vincent. Église, XXI, 412. Excursion de la Société Éduenne en 1905, XXXIII, 354.

Montvaltin. Histoire de la seigneurie, XXXVII, 283.

Moralité. Note sur la moralité de *Mundus, Caro, Demonia* représentée à Autun en 1507, XXI, 249.

Morand (Gabriel). Dons, XXXIX, 397 ; XL, 399, 400, 417.

Morand (Louis). Don, XL, 415, 417.

Moreau (Marie-François). Député de Saône-et-Loire à la Convention nationale, XXXV, 70 ; XXXIX, 103.

Morillot (le chanoine). Communication, XXXVII, 393. Dons, XXXI, 431 ; XXXII, 417 ; XXXIII, 336 ; XXXVII, 400.

Morin (Jean). Son procès au tribunal révolutionnaire, XXVII, 200.

Morio (le général). Don, XXXIX, 412.

Morlet. Excursion de la Société Éduenne en 1902, XXX, 399.

Mortillet (Gabriel de). Don, XXII, 466.

Morton-Fullerton (W.). Ses impressions de voyage à Autun et au mont Beuvray en 1902, XXXI, 438.

Mosaïques. Fragments de mosaïque, trouvés à Autun, XXVI, 463. Mosaïque, dite du Griffon, à l'Hôtel Rolin, XXV, 399. Dessin de la collection Bulliot, représentant le médaillon de la mosaïque du Bellérophon, trouvée au clos Jovet, à Autun, XXXI, 447.

Motte-Bouchot (La). V. *Motte-Vouchot.*

Motte-Saint-Jean (La). V. *Goulaine (La).*

Motte-sur-Dheune (La). La seigneurie, XXXVIII, 336.

Motte-Ternant (La). Eglise, XXXV, 288.

Motte-Vouchot (La). La seigneurie, XXXVIII, 344.

Mougins-Roquefort (le vicomte Paul de). Don, XXVI, 438.

Moules. Moules de monnaies antiques, trouvés à Autun, XXV, 45. Moule en calcaire d'un pied de calice trouvé à Autun, XXII, 442 ; XXVII, 53.

Moulins. Monastère de la Visitation, XXIV, 322.

Mowat (Robert). Nécrologie, XL, 422.

Moyne (Jean-Baptiste). Député de Saône-et-Loire au Conseil des Cinq-Cents, XXXVII, 236.

Muguet (l'abbé Paul). Communications et mémoires, XXXV, 307;
XXXVI, 223, 364; XXXVII, 123; XXXVIII, 153, 415; XL, 398. Dons,
XXIV, 468; XXVII, 430; XXIX, 469; XXXVII, 389; XXXVIII, 425,
426.

Muhlebach (Louis). Don, XXV, 386.

Municipalité. Un chapitre de l'histoire municipale d'Autun (1523-
1542), XXI, 265. Note sur un conflit d'attributions au conseil de
ville d'Autun en 1671, XXXI, 411. Les malversations de Nicolas-
Jean Barault à la mairie d'Autun et sa destitution, 1735-1737,
XXXVIII, 428. Une lettre de Joseph Bonaparte à la municipalité
d'Autun, XXXIV, 315.

Muraille. Légende d'une muraille cyclopéenne à Autun, XXII, 393.

Mury (le chanoine Léon). Dons, XXVII, 398; XXXIV, 385.

Musée de l'Hotel Rolin a Autun. Appréciations de M. Alphonse
Germain, XXXIX, 411; de M. W. Morton-Fullerton, XXXI, 438.
V. *Collections Bulliot, d'Espiard, Jovet, Loydreau*.

   Agrafes de ceinturon, XXV, 408; XXVII, 398. — Anneaux : en
bronze, XXV, 408; XXVII, 429; XXXIX, 453; en or, XXXIII, 377. —
Anses d'amphores estampillées, XXVII, 429; XXX, 495; XXXI, 449;
XXXIII, 405. — Appliques : en bronze, XXV, 407; en marbre,
XXXI, 448; XXXV, 366. — Armes mérovingiennes, XXVII, 398. —
Autels votifs, XXVIII, 349, 388, 393; XXXV, 390.

   Bas-relief figurant une Assomption, XXXV, 376. — Bélière en
bronze, XXV, 408. — Bénitier en pierre, XXXIII, 346. — Biscaïen,
XXIII, 535. — Bouterolle de fourreau, XXXI, 337. — Bouton en
bronze à face humaine, XXVI, 445. — Brique signée, XXVII,
398; d'hypocauste, XXVI, 463. — Bronzes antiques, XXXV, 199,
389; bras de pugiliste, XXXII, 416; animal décapité, XXVII, 429;
figurine, XXXIV, 261; petit sanglier, XXVI, 463; fond de vase,
XXVIII, 393. — Bustes : antique en marbre, XXIV, 449; en bois,
de saint Pierre, XXXIV, 374; d'un génie, en pierre, XXII, 427.

   Camée représentant Athena, XXIX, 433, 439. — Carreaux de
pavage en verre peint, XXXVII, 397. — Casque votif en bronze,
XXVIII, 359. — Chainettes : en bronze, XXVII, 429; en or, XXXI,
1. — Chapiteaux, XXXI, 427; XXVI, 463; XXVIII, 393; XXV, 375;
XXIII, 540; XXI, 415; XXXIX, 376. — Chenet à tête de chat, XXVI,
438. — Chien couché en marbre, XXXI, 448. — Christ en bois,
XXVI, 445; en cuivre, XXII, 461; XXV, 400. — Ciseaux, XXXI,
450. — Clef en bronze, XXXIII, 377. — Cliché aux armes d'Antoine
Malvin de Montazet, XXXVII, 395. — Clochette de bronze, XXVI,

445. — Colonnes, XXII, 414; XXVI, 438; XXXI, 410; XXVI, 463;
XXVIII, 408. — Compas en bronze, XXIII, 526, 535. — Couteaux :
gallo-romain, XL, 319, 424; de chasse, XXXI, 447. — Crosse carolingienne, XXVIII, 419. — Cuillères en bronze, XXXV, 390.

Écussons aux armes : d'Antoine de Chalon, XXXVI, 376 ; de Rabutin, XXII, 414 ; de Rolin, XXXIII, 369. — Enseigne peinte d'apothicaire, XXV, 399. — Épées du seizième siècle, XXI, 390, XXII,
434, XXVII, 398 ; dite de saint Émiland, XXIV, 441. — Épitaphes :
de Doni d'Attichy, XXIX, 469 ; de Jacques Tatepoyre, XXVIII,
388. — Estampes et dessins représentant : l'aventure de Louis
Gillet, XXI, 404 ; la mosaïque du Bellérophon, XXXI, 447 ; des
rochers, études d'Adrien Guignet, XL, 415 ; la porte d'Arroux,
XXI, 421 ; la tour du Bost, XXI, 421 ; une tour de l'évêché d'Autun,
XXI, 415. — Ex-voto en marbre, XXIV, 441.

Fer de pioche, XXI, 416. — Fibules en bronze, XXVII, 429;
XXXIII, 377, XXXVI, 370. — Fresques, XXIX, 447.

Guisarme, XXII, 427.

Haches : en bronze, XXV, 386, XXVI, 446, XXXV, 390; en fer,
XXII, 460, XXV, 398, XXVI, 445 ; en pierre, XXXV, 403. — Halle-
barde, XXXIII, 346. — Hameçon en bronze, XXVIII, 393. —
Harnachement (pièce de), XXXV, 390. — Hypocauste, XXVII, 410.

Inscriptions lapidaires : D. Primani librar, XXIII, 533 ; Eufronia, XXXIX, 381, XL, 219; Tutela, XXXIX, 324, 386, 396, 399 ;
..... uno ..... patr....., XXV, 375. — Intailles, XXVII, 398, XXXIII,
378, XXXIV, 359. — Jetons : d'Artois, XXVI, 445; de Bourgogne,
XXI, 404, XXII, 427, XXVI, 445 ; de Nivernais, XXVI, 463.

Lampes : en bronze, XXXV, 390, XXXVII, 19, 277; en fer, XXII,
427 ; en terre, XXI, 416, XXII, 461, XXVI, 445, XXVII, 411,
XXVIII, 408. — Livre d'heures, XXXIII, 378.

Marbre gravé paléochrétien, XXIII, 527. — Masques : céramiques, XXI, 1, XXVI, 445; en marbre, XXXI, 448; en pierre,
XXXI, 447. — Médaillons : de Diane, XXII, 427 ; d'empereur romain,
XXIII, 518 ; du Dr Guyton, XXVII, 399; du président Jeannin,
XXXI, 429; du cardinal Perraud, XXXV, 397; de Louis Renault,
XXXV, 376. — Meuble italien en ébène, XXII, 440. — Album de
miniatures, douzième et quinzième siècles, XXX, 479. — Minia-
ture du pontifical d'Antoine de Chalon, XXXI, 446. — Monnaies
et médailles : de Diasulos, XXVII, 398; des Éduens, XXVI, 445;
de la collection d'Espiard, XXXIII, 377, 378; consulaires, XXII,
427; des Antonin, XXII, 461; d'Auguste, XXVI, 445; de Constantin, XXVI, 445, XXXIII, 378 : de Domitien, XXV, 397, 408; de

Gallien, XXVI, 438; de Marciane, XXXIII, 377; de Matidie, XXXIII, 377; de Tetricus, XXI, 416; de Tibère, XXVII, 410; de la colonie militaire de Viminiacium, XXXIV, 358; à effigies diverses, XXXIII, 379; denier carolingien d'Autun, XXXIII, 378; tiers de sou d'or d'Orléans, XXXIII, 378; monnaies de bronze du quinzième siècle, XXI, 391. — Mosaïques, XXV, 399, XXVI, 463. — Moule de pied de calice, XXII, 442, XXVII, 47.

Navette à encens, XXV, 408.

Œnochoé en poterie cypriote, XXXII, 488. — Oiseau en terre cuite, XXVI, 453.

Patère en faïence de Sèvres, XXVI, 443. — Pendentif en or avec médaillon de Maximin Ier, XXXVIII, 355. — Pierre de fondation de Jérôme de la Vernée, XXVII, 430. — Pierres gravées, XXVII, 395, 398, XXXIII, 378, XXXIV, 359. — Poids : en pierre, XXX, 498; en plomb, XXXI, 449. — Poignards, XXII, 427, XXXI, 447. — Poteries, XXVII, 430, XXVI, 445; à décors rubanés, XXXV, 135, XXXVIII, 293, 415; sigillées, XXVII, 429, XXXI, 449, XXXII, 437, XXXIII, 369. — Porte du quinzième siècle, XXIII, 541. — Portraits : de Mgr Angebault, XXXI, 447; de femme âgée, XXXVIII, 400; de Ferdinand Guillemardet, XXXIV, 376; de Bernard Jovet, XXI, 391; de Mgr de Fontanges, XXX, 440; de Léonor de la Madelaine de Ragny, XXXVII, 372; de Michel Monier et de sa femme Adrienne Dufraigne, XXXVII, 394; de Regnier Pot, XXIX, 470; de Philibert-Étienne Rolet, XXVII, 442.

Sabot d'enrayure, XXV, 376. — Sanglier en bronze, XXVI, 463. — Sarcophage chrétien, XXIV, 429. — Sceaux : du quatorzième siècle, XXI, 428; de Nicolas V, XXI, 391; de la régale sur l'évêché d'Autun, XXXV, 375; du seizième siècle, XXXVIII, 425; de la généralité d'Orléans, XXVII, 411; de la ville d'Autun, XXVIII, 393; de la justice de paix de Couches-les-Mines, XXIII, 524. — Sculptures : antiques de la collection Bulliot, XXXV, 366; décoratives, XXXI, 448, XXII, 427, XXVI, 445, XXVII, 399, 430; de la chapelle Poillot, XXXVI, 381; du tombeau de saint Lazare, XXXI, 447, XXXIII, 369, XXXIX, 376; de la tour de Grôme, XXXVI, 376. — Secrétaire-bureau en marqueterie, XXXVII, 375. — Serrure ancienne, XXIX, 439. — Silex, XXI, 409, 416, XXVI, 446. — Situle en bronze, XXXV, 390. — Spatule en bronze, XXXV, 390. — Statues : en marbre, de sainte Catherine, XXVIII, 423, 424; en pierre, de saint Jean-Baptiste, XXXV, 398; en bois, d'un saint évêque, XXIX, 439; d'une sainte, XXXVIII, 400; en marbre, de la Vierge, XXVIII, 408; de la Vierge, XXX, 468; triptyque en bois, de la Vierge, XXV, 384 ; groupe de personnages accroupis ou agenouillés, XXXI, 448. — Statuettes : appliques en fonte, XXXI, 447 ; en bois, de saint Georges, XXIX, 455 ; de saints personnages, XXX, 488 ; en bronze, de Bacchus, XXXVII, 277 ; d'un camillus, XXXVII, 277 ; de femme drapée, XXIX, 454 ; réplique de l'Hermès de Praxitèle, XXIV, 428, 432 ; de Mercure Panthée et autres statuettes gallo-romaines, XXVII, 373 ; de Moïse et d'un prophète, XXI, 389, 391 ; de la déesse indienne Lachmi, XXXIII, 378 ; réduction du Moïse de Michel-Ange, XXXIV, 374 ; statuette en fer, de saint Jean-Baptiste, XXIX, 453 ; en terre blanche, de déesse mère, XXII, 461 ; d'enfant au maillot, XXV, 380 ; de Vénus, XXII, 460. — Stèles, XXI, 415, XXVII, 410, XXIX, 470, XXXV, 390. — Style en bronze, XXXIV, 359.

Tabernacle en bois, XXXIV, 375. — Tableaux représentant : un Gaulois à la Pierre Salvée, XXIV, 449 ; saint Jérôme, XXXIV, 374 ; les tours du rempart méridional d'Autun, XXI, 416. — Tabula lusoria, XXIX, 145. — Taque de foyer, XL, 424. — Têtes antiques : en calcaire, XXVI, 463 ; XXXI, 448 ; en marbre, XXIV, 449 ; XXXI, 448 ; XXXV, 366 ; tête de chenet à face humaine, XXXI, 449 ; têtes d'anges, XXX, 468 ; XXXI, 448 ; XXXII, 488 ; tête de Christ, XXIII, 540 ; tête d'évêque, XXX, 462 ; XXXI, 447 ; tête console, XXIII, 540 ; tête d'abbesse en demi-relief, XXIII, 540 ; tête de faune, XXIII, 540 ; tête de moine pleurant, XXXVII, 395. — Tombes : du quatrième siècle, XXI, 415 ; de la famille de Clugny, XL, 424 ; fragment, XXI, 391. — Torses antiques, XXII, 435 ; XXXV, 366. — Tronc de statuette de femme, en marbre, XXXI, 448. — Tuyère, XXIV, 429, 431.

Vases antiques, XXI, 403, 416, 429 ; XXII, 460, 461 ; XXVI, 463 ; XXVII, 429 ; XXX, 488 ; XXXI, 449 ; XXXIV, 379. Vierges : du seizième siècle, XXVIII, 408 ; XXX, 468 ; triptyque, XXV, 384.

Musée Lapidaire d'Autun. Projet de transfert de la chapelle Saint-Nicolas à l'ancien palais épiscopal, XXXIX, 367. L'inscription gauloise de *Licnos Contextos*, XXXVII, 393. Statues du tombeau de saint Lazare. XXIX, 437. Tronçons de colonnes, XXII, 407.

Musée Municipal d'Autun. Joseph-Jacques Martin, son premier conservateur, XXXV, 401.

N

Nagu (Alexandre de). Généalogie et armoiries, XXIII, 210.

Napoléon au collège d'Autun, XXI, 427.

Nault (Denis). Trois petits romans historiques du juge-bailli Denis Nault, XXXIII, 315.

Nazaire (Saint). La cathédrale Saint-Nazaire d'Autun en 1705, XXXIV, 185. L'église Saint-Nazaire de Bourbon-Lancy, XXXV, 292.

Nécropoles. La nécropole gauloise de Diou (Allier), XXXIII, 305. Sépultures découvertes à la Fontaine-Noire, commune de Dezize, XXXIV, 392. Sépultures découvertes près du château de Brandon, commune de Saint-Pierre-de-Varennes, XXXIV, 389. V. *Sarcophages, Sépultures*.

Nectoux (M.). Don, XXVII, 410.

Neuchèze (Jacques de). Notice biographique, XXV, 82.

Nevers. Excursion de la Société Éduenne, 9 juillet 1911, XXXIX, 401.

Nicolas (Saint). Chapelle Saint-Nicolas d'Autun, XXXV, 296.

Nicopolis. Un revenant de Nicopolis, XXXV, 307.

Noiron (André de). Dons, XXIX, 453 : XXXVI, 376.

Noiron (Armand de). Nécrologie, XXVIII, 385.

Noiron (Léon de). Nécrologie, XXII, 429.

Nolay. Fusaïoles et vases trouvés dans la Chaume de Nolay, XXXIX, 379. Note sur la communauté d'habitants de Nolay, d'après une charte de 1244, XXXVI, 111.

Nolet (Louis). Biographie, XXIV, 458.

Noly (l'abbé). Nécrologie, XXVI, 449.

Notaires. Protocoles de notaires autunois du seizième siècle, XL, 425.

Notre-Dame. Description de la collégiale Notre-Dame du Châtel d'Autun, XXI, 386. Statuettes provenant du baptistère de la collégiale Notre-Dame d'Autun, XXI, 389. Statue de Notre-Dame du Regard, XXV, 385.

Nouveau (l'abbé Claude). Conte morvandeau en vers, XXI, 351. Nécrologie, XXXIX, 405.

Numismatique. Mélanges de numismatique locale, XXXVI, 317. Nomenclature chronologique des médailles romaines trouvées sur le sol éduen, où figure le nom des Gaules, XXXVII, 359. Un numismate autunois en 1736, XXXVII, 347. V. *Jetons, Médailles, Monnaies*.

Nyon. V. *Couches-les-Mines*.

O

Ocle. Jean de Torcy, seigneur de Monay et d'Ocle, XXXIX, 360.

Olinet (Paul). Dons, XXII, 427; XXVI, 437, 438; XXIX, 439; XXXV, 378; XXXVI, 383, 385, 390; XXXVIII, 400, 402, 416, 417, 426; XXXIX, 402, 403.

Oncieux (Claude d'). Généalogie et armoiries, XXII, 39.

Oppida. Les oppida de la Gaule, XXXIX, 400.

Orange. Excursion de la Société Éduenne, XXXIII, 17.

Oratoire carolingien à Curgy, XXXV, 261.

Orges (d'). Seigneurs de Chaseu, XXXVI, 9.

Orgues. Un amateur d'orgues en 1428, XXXVI, 333.

Oudot (Étienne). Nécrologie, XXXI, 399.

Oudot (François). Député du clergé du bailliage de Chalon-sur-Saône à l'Assemblée constituante. XXXI, 149.

Oursel (Charles). Communication et mémoire, XXXIV, 289; XXXVII, 360. Dons, XXXII, 487; XXXIII, 336; XXXV, 369; XXXVII, 373, 389.

P

Paccard (Antoine-Marie). Député du bailliage de Chalon-sur-Saône à l'Assemblée constituante, XXXI, 179.

Paléolithie. Rapport sur l'atelier paléolithique de la Goulaine, près la Motte-Saint-Jean, XXI, 347. V. *Haches, Préhistoire, Silex.*

Pallium sericum, enveloppant les reliques de saint Lazare à Autun, XXII, 464.

Papillon (Claude). Son procès au tribunal révolutionnaire, XXVII, 212.

Paray-le-Monial. Coins monétaires, XXX, 371. Monastère de la Visitation, XXIII, 241. Une grève de censitaires à Paray-le-Monial en 1383, XXXV, 29.

Parey (M.). Don, XXVIII, 393.

Paroisses. Origine des paroisses rurales dans le département de Saône-et-Loire, XXXVII, 33.

Patère en faïence, composée par Eugène Froment pour la Société Éduenne, XXVI, 443, 446.

Patru (Claude). Sa tombe à Saint-Martin d'Autun, XXI, 420.

Peillon (Jean-Noël). Député suppléant de Saône-et-Loire à la Convention, XXXV, 114.

Peintures murales du quinzième siècle dans une maison de la rue de Riveau à Autun, XXXIX, 366. V. *Fresques*.

Peletier de Saint-Fargeau (Michel Le). Ses rapports avec la ville et les habitants d'Autun pendant la Révolution, XXXIV, 394.

Pellechet (Mlle Marie). Nécrologie, XXVIII, 416.

Pelletier (Gustave). Dons, XXVI, 438; XXIX, 453.

Pendentif. Note sur un pendentif romain en or, trouvé à Autun, et sur des bijoux analogues de l'époque romaine, XXXVIII, 355.

Périer (Germain). Dons, XXII, 414; XXXVI, 375.

Pernot (Ernest). Don, XXVII, 409.

Pernot (Stanislas). Don, XXII, 434.

Pérot (Francis). Mémoire, XXI, 347. Dons, XXI, 405, 421; XXII, 428, 443; XXIII, 517; XXIV, 431, 467; XXV, 397; XXXIV, 378; XXXVI, 375.

Perraud (S. Em. le cardinal). Assiste aux séances de la Société Éduenne, XXI, 405; XXII, 435; XXIV, 425, 442; XXV, 387; XXVI, 427, 439, 446; XXVII, 412; XXIX, 440; XXX, 431, 442; XXXI, 355; XXXIII, 329. Allocution prononcée aux obsèques de Gabriel Bulliot, XXIX, 423. Dons, XXI, 391, 403, 414; XXII, 413, 426, 460; XXIII, 517, 534; XXIV, 431, 449, 467; XXV, 378, 387, 396, 407; XXVI, 436, 462; XXVII, 409, 427; XXVIII, 390, 406, 424; XXIX, 438, 452; XXX, 439, 467, 496; XXXI, 416; XXXII, 443; XXXIII, 336, 344, 368, 404. Dons faits en sa mémoire par Mgr Gauthey, XXXIV, 374. Moulage d'un médaillon à son effigie, XXXV, 397. Notice nécrologique, XXXIV, 349.

Perrault (J.-B.). Son procès au tribunal révolutionnaire, XXIX, 158.

Perret (François). Son procès au tribunal révolutionnaire, XXVI, 380.

Perrette (Barthélemy). Nécrologie, XXXVI, 378.

Perrouin (Pierre-Alexandre). Dons, XXVIII, 393, 408, 409. Nécrologie, XXIX, 444.

Perroy (Claude). Son procès au tribunal révolutionnaire, XXVI, 416.

Petiot (Jean-Joseph). Député du bailliage de Chalon-sur-Saône à l'Assemblée constituante, XXXI, 171.

PHILIBERT (Joseph). Nécrologie, XXVII, 394.

PICARD (Étienne). Dons, XXXIV, 398 ; XXXIX, 403. Mémoires, XXII, 157; XL, 147.

PICHON (Nicolas). Son procès au tribunal révolutionnaire, XXVII, 101.

PIE VII. Le passage du pape Pie VII à Autun en 1805, XXXVII, 27.

PIERRE (Saint). Buste en bois de saint Pierre au musée de l'Hôtel Rolin, XXXIV, 374.

PIERRE (Philippe). Don, XXXVIII, 425.

PIERRES GRAVÉES, trouvées à Autun, XXI, 410 ; au Mont Beuvray, XXVII, 395, 398 ; provenant de la collection d'Espiard, XXXIII, 378. V. *Camée, Intailles.*

PIÉTRESSON DE SAINT-AUBIN (M). Don, XXI, 414.

PIFFAUT (l'abbé Marcel). Dons, XXVIII, 406, 408; XXIX. 452.

PILASTRE. Note sur un fût et une base de pilastre de l'époque gallo-romaine, trouvés à Autun en 1903, XXXI, 427.

PILLARD (le chanoine). Nécrologie, XXVI, 449.

PINCE. Pince en cuivre trouvée à Autun, XXXI, 429.

PIOTET (Léger). Legs à la Société Éduenne, XXI, 394; XXII, 440.

PITOIS (Nicolas). Son procès au tribunal révolutionnaire, XXVII, 95.

PLANET (Charles-Joseph du). Généalogie et armoiries, XXIII, 179.

PLANOISE. Note sur le droit d'usage dans la forêt de Planoise accordé aux habitants de la Porcheresse par les ducs Hugues IV et Eudes IV en 1231 et 1325, XXIV, 41.

PLATRÉ (Charles) dit BELLECOURT. Son procès au tribunal révolutionnaire, XXVII, 163.

PLESSIS (château du), près Blanzy. Excursion de la Société Éduenne en 1905, XXXIII, 354.

POCHERON (Sébastien). Député du bailliage de Charolles à l'Assemblée constituante, XXXI, 215.

POCULUM et LAGENA. Un type de stèles funéraires en pays éduen, XXX, 251.

POHL (Otto). Mémoire, XXIX, 1.

POIDS. Poids en pierre de l'époque gallo-romaine, XXX, 498. Poids en plomb trouvés à Autun, XXXI, 449.

POIGNARDS. Poignards de la collection Bulliot, trouvés dans l'ancien cimetière Saint-Blaise, à Autun, XXII, 427 ; XXXI, 447.

Poil. Stèles funéraires, XXIX, 448, 470.

Poillot (Denis). Sa maison à Autun, XXXVI, 327. Sculptures de la chapelle Poillot, XXXVI, 381.

Poippe (Claude, Jean et Joachim de La). Généalogies et armoiries, XXIII, 173, 157, 208.

Poisson (Inscription du). V. *Abercius, Ichtys, Inscriptions.*

Pollissard (Philibert-Antoine). Député de Saône-et-Loire au Conseil des Cinq Cents, XXXVII, 179.

Poncet (Pierre). Son procès au tribunal révolutionnaire, XXIX, 249.

Pont (Joseph). Son procès au tribunal révolutionnaire, XXVI, 411.

Pontifical. Page encadrée du second volume du Pontifical d'Antoine de Chalon, évêque d'Autun, XXXI, 446.

Pont-l'Évêque (Le), près Autun. Vestiges de voie romaine, XXVI, 434.

Pontoux (Claude de). Exemplaire de sa traduction d'une Harangue de saint Basile, XXV, 405.

Porcheresse (La). Droit d'usage dans la forêt de Planoise, accordé aux habitants de l'Abergement de la Porcheresse par les ducs Hugues IV et Eudes IV en 1231 et 1325, XXIV, 41.

Portes. Réparations aux portes d'Arroux et de Saint-André à Autun, XXX, 444. Clef de l'ancienne porte de Breuil à Autun, XXVIII, 421. Débris de la porte de Rome découverts au cimetière d'Autun, XXVI, 440. Estampe représentant la porte d'Arroux, XXI, 421. Porte du quinzième siècle, provenant de Moulins-Engilbert, XXIII, 541.

Portraits : de Mgr Angebault, par J.-B. Guignet, XXXI, 447 ; de Barthélemy de Chasseneu, XXXVII, 349 ; de femme âgée, école des Clouet, XXXVIII, 400 ; de Mgr de Fontanges, XXX, 440 ; de Ferdinand Guillemardet, par Goya, XXXIV, 376 ; médaillon du docteur Guyton, XXVII, 399. Portraits, de Bernard Jovet par son oncle Claude Jovet, XXI, 391 ; de Léonor de La Madeleine de Ragny, XXXVII, 372 ; de Michel-Louis Monier et de sa femme Claudine-Adrienne Dufraigne, XXXVII, 394 ; médaillon du cardinal Perraud, XXXV, 397. Portrait de Philibert-Étienne Rolet, capucin, XXVII, 442.

Postume. Petit bronze à son effigie, XXXVII, 339.

Poteries. Anses d'amphores, signées : Aug., XXXIII, 405 ; Luc Trophimi, XXX, 495 ; Sisn, XXXI, 449. Bordure reconstituée d'un dolium, XXXI, 449. Col d'amphore à l'estampille Catisius, XXXV,

305. Cuvier en terre grise, trouvé à Autun, XXI, 403. Débris de vases à reflet métallique, trouvés à Autun, XXX, 488. Estampilles de potiers gallo-romains, XXVI, 457. Fragment de poterie trouvé à Autun, XXXV, 140. Fragment de vase et estampilles Passien, Xanthi, Scoti, Pacti, Silvani, XXXIII, 369. Fragments de vases samiens trouvés à Autun, dont dix signés Albus fe; Atei Evhod; Logirni M; Mascli Balbus; Ofic. Canti; Of. Licin; Pastorce; Paterni M; Patrici M; Paullus, XXVII, 429. Lampe romaine signée Atillus F. et fond de vase à l'estampille Venator F., XXXV, 369. Note sur deux fragments de poterie trouvés à Autun, XXXII, 259. Note sur deux vases et divers fragments de poterie trouvés à Autun en 1906, XXXV, 135. Nouvelles observations sur les poteries à décors rubanés, appliqués par pressions digitales, XXXVIII, 293 et 415. Œnochoé en poterie cypriote, XXXII, 488. Olla trouvée au Mont-Sène, XXI, 429. Pied de vase en poterie samienne estampillé Atiliani, XXXII, 437. Poterie gallo-romaine trouvée à Autun, XXXI, 449. Poteries trouvées à Monthelon, XXVI, 445; à Sainte-Radegonde, XXVII, 430. Rebords de jattes, trouvés à Autun, signés Caratuc..., Regenus, Regul..., Samitus, XXVII, 429. Urne trouvée à Autun, XXXIV, 379. Vases antiques retirés de la Saône, XXVI, 463. V. *Amphores*, *Estampilles*, *Lampes*, *Urne*, *Vases*.

POUGAULT (Eugène). Nécrologie, XXXI, 437.

POUILLY (Henri-Pierre-Marguerite de). Son procès au tribunal révolutionnaire, XXVIII, 281.

PRÉDICATEURS. Les prédicateurs de l'Avent et du Carême à la cathédrale d'Autun (1377-1784), XXIX, 79.

PRÉE-SOUS-ARCY (LA). L'église collégiale de Saint-Nicolas de La Prée-sous-Arcy, près Bourbon-Lancy, XXII, 181.

PRÉHISTOIRE. Compte rendu de la session du troisième congrès préhistorique de France, tenue à Autun du 12 au 18 août 1907, XXXV, 339. Visite de la Société préhistorique de France à l'hôtel Rolin, août 1907, XXXV, 380. Foyers de l'époque néolithique découverts près du château de Rully, XXXV, 367. V. *Haches*, *Loydreau (Collection)*, *Paléolithie*, *Silex*.

PRÉNAT (Antoine). Don, XXIX, 454. Nécrologie, XXXVIII, 389.

PREUX (l'abbé Jules). Dons, XXXVI, 370; XL, 417.

PREVOST (M.) Don, XXVI, 445.

PRIEUR (Aimé-Xavier). Son procès au tribunal révolutionnaire, XXVIII, 229.

Prieurés. Addition aux Annales historiques du prieuré de Mesvres, XXVI, 171. Origine du prieuré de Saint-André de Luzy, XXII, 411. Le prieuré du Val-Saint-Benoît, XXXV, 207; XXXVI, 223; XXXVII, 123; XXXVIII, 153.

Protat (Jules). Don, XXXII, 443. Nécrologie, XXXIV, 366.

Protat (Mme). Don, XXVII, 410.

Protocoles de notaires autunois du seizième siècle, XL, 425.

Prou (Maurice). Don, XXI, 390.

Prudon (Gilbert). Député de Saône-et-Loire au Conseil des Cinq-Cents, XXXVIII, 132.

Puits romains, découverts à la caserne d'Autun, XXV, 390 ; à la Croix-Verte, XXXI, 449 ; XXXIII, 275.

Putier (Jean). Son procès au tribunal révolutionnaire, XXIX, 166.

Q

Quatre Frères (Les). La Maison-Dieu des Quatre Frères, XXX, 69.

Quercize (Eusèbe de). Dons, XXV, 380, 386; XXXIX, 386. Sa bibliothèque, XXV, 404 ; XXVII, 67.

Quesnel (Joseph). Compte rendu de sa thèse : *le Gage mobilier dans l'ancienne Bourgogne*, XXXVII, 386. Don, XXXVII, 373 et 386.

Quêtes. Les quêtes à Autun au quinzième siècle, 1447-1455, XL, 301.

R

Rabiot de Meslé (Émile). Nécrologie, XXIII, 519.

Rabutin. Seigneurs de Chaseu, XXXVI, 9. Moulage d'un écusson à leurs armes, au château de Monthelon, XXII, 414.

Rabutin (Roger de Bussy-). Son contrat de mariage, XXV, 65.

Rabutin (Guy, Hugues et Léonor de). Notices biographiques, XXV, 75, 71, 69.

Rabutin (Jean de). Généalogie et armoiries, XXIII, 142.

Racho (Saint). Reliquaire donné par la comtesse Adélaïde et le comte Richard à l'Église d'Autun, XXIX, 437.

Racouchot (Philippe). Communication, XXV, 390. Dons, XXIII, 541 : XXIV, 450 : XXVII, 429; XXVIII, 393; XXX, 468.

RAGOT (Joseph-Alexis). Nécrologie, XXXII, 426.

RAMBUTEAU (Philibert-Marie-Édouard-Simon LOMBARD DE BUFFIÈRES comte de). Dons, XXIX, 438; XXXIII, 336. Nécrologie, XL, 395.

RAMISSE (Pierre-Louis de LA). Son procès au tribunal révolutionnaire, XXVIII, 284.

RANDARDS (LES). La Maison-Dieu des Quatre Frères, XXX, 69.

RAULIN (le D^r). Don, XXXIX, 397.

RAVEL-CHAPUIS (M.). Don, XXIX, 468.

REBÉ (François et Jean de). Généalogies et armoiries, XXIII, 93, 129, 140.

REFFYE (Hugues-François VERCHÈRE de). V. *Verchère de Reffye.*

RÉGALE. Sceau de la régale de l'évêché d'Autun en 1483, XXXV, 375.

REGNIER (Joseph). Don, XL, 400.

REGNIER (Jules). Dons, XXII, 444; XXIII, 535; XXVII, 404, 411; XXXIII, 378. Nécrologie, XXXIX, 406.

REISTRES. Passage des Reistres dans l'Autunois et le Charollais, en 1569 et 1587, XXI, 37.

RELIQUAIRES. Note sur le reliquaire de saint Firmin, XXV, 105. Notice sur un reliquaire attribué à l'école carolingienne et contenant une phalange d'un doigt de saint Léger, évêque d'Autun, XXXVII, 1 et 370. Un reliquaire inconnu destiné au chef de saint Lazare d'Autun, en 1393, XXXV, 310. Châsse de saint Racho, XXIX, 437.

RÉMISSION. Lettres de grâce ou de rémission octroyées par Charles le Téméraire, duc de Bourgogne, XXX, 447.

RENAUD (Jean). Nécrologie, XXXIX, 383.

RENAULT (Bernard). Nécrologie, XXXII. 463.

RENAULT (Louis). Don d'une plaquette à son effigie, XXXV, 376.

REPIQUET (Jean). La carrière d'un héros du 10 août, XXXV, 317.

REPOUX (Charles). Don, XXIX, 439.

REPOUX (J.-M.). Député du tiers-état du bailliage d'Autun à l'Assemblée constituante, XXX, 355.

REPOUX (Lionel). Don, XXIII, 525.

RÉROLLE (Alexis). Dons, XXIX, 433, 439; XXXII, 417. Nécrologie, XXXII, 456.

RÉROLLE (Joseph). Dons, XXXII, 417; XXXIII, 405; XXXVI, 384; XXXVII, 400. Mémoire, XXVIII, 339.

RÉROLLE-BULLIOT (M. et Mme). Dons, XXXI, 446-449 ; XXXII, 488 ;
XXXIII, 346.

REVERCHON (Jacques). Député de Saône-et-Loire à l'Assemblée
législative, XXXII, 244 ; à la Convention, XXXIV, 40 ; au Conseil
des Cinq-Cents, XXXVII, 203 ; XXXIX, 86.

RÉVOLUTION. Les accusés de Saône-et-Loire aux tribunaux révo-
lutionnaires, XXVI, 279 ; XXVII, 85 ; XXVIII, 191 ; XXIX, 155.
Les députés de Saône-et-Loire aux assemblées de la Révolution,
XXX, 281 ; XXXI, 141 ; XXXII, 133 ; XXXIII, 181 ; XXXIV, 33 ;
XXXV, 43 ; XXXVI, 121 ; XXXVII, 161 ; XXXVIII, 95 ; XXXIX, 23.
Jean-Louis Gouttes, évêque constitutionnel du département de
Saône-et-Loire, et le culte catholique à Autun pendant la Révo-
lution, XXIII, 365 ; XXIV, 73 ; XXV, 109.

REY (Ferdinand). Dons, XXX, 440 ; XXXII, 443.

RIGOLAGE (Philiberte). Son procès au tribunal révolutionnaire,
XXVII, 232.

RIGOLLOT (François). Dons, XXI, 421 ; XXV, 387.

RIGOLLOT (Jean). Mémoire, XXI, 7. Nécrologie, XXVI, 447.

RITUEL. Manuscrit du quinzième siècle, prétendu autunois, XXIII,
514 ; XXV, 313.

ROBERJOT (Claude). Député de Saône-et-Loire à la Convention et
au Conseil des Cinq-Cents, XXXV, 105 ; XXXVI, 169 ; XXXIX, 106.

ROBIN (Charles). Nécrologie, XXXIV, 386.

ROBIN (Henri). Don, XXIX, 455.

ROCHEFORT D'AILLY (Jean-Antoine-Claude de). Généalogie et armoiries, XXIII, 190.

ROCHEFOUCAULD (Charles-Ignace de LA). Généalogie et armoiries,
XXIII, 195.

ROCHEPOT (LA). Excursion de la Société Éduenne en 1904, XXXII, 478.

ROCHET (l'abbé). Nécrologie, XXII, 417.

RODARY (Ferdinand). Don, XXIII, 525. Nécrologie, XXXVI, 356.

RODARY (Maurice). Don, XXXIII, 369.

RODARY (Paul). Nécrologie, XL, 409.

ROIDOT (le général Albert). Don, XL, 400.

ROIDOT-DELÉAGE. Ses travaux archéologiques, XXXIII, 405.

ROIDOT-ERRARD (Auguste). Communications, XXII, 422 ; XXIX, 460.
Dons, XXII, 427, 461 ; XXIX, 469. Nécrologie, XXXIII, 373. Ses
travaux archéologiques, XXXIII, 405.

Roidot (Jean). Don, XXII, 461. Nécrologie, XXXVIII, 408.

Roidot (le président J.-M.-C.). Mémoire, XXIII, 1. Nécrologie, XXI, 159.

Rolet (Henri). Don, XXVII, 442.

Rolet (Philibert-Étienne). Son portrait, XXVII, 442.

Rolin. Seigneurs de Chaseu, XXXVI, 9. Écusson en pierre à leurs armes, XXXIII, 369.

Rolin (le cardinal Jean). Inventaire de ses manuscrits, XXXIII, 297. Missel à ses armes, XXX, 438.

Rolin (le chancelier Nicolas). Nicolas Rolin, chancelier de Bourgogne, 13..-1461, XL, 73. Complot de La Trémoille contre le chancelier Rolin, XXX, 486. Note sur l'inventaire des livres liturgiques donnés par lui à la collégiale Notre-Dame d'Autun, XXXIII, 285.

Romiszowski (Marcel de). Communications et notices, XXI, 410; XXVI, 441, 457; XXX, 461; XXXIV, 318, 325; XXXV, 305, 368; XXXVI, 320, 325, 332, 365, 373; XXXVII, 345, 347, 359, 371, 384, 385; XXXVIII, 398, 423, 429; XXXIX, 333, 352; XL, 425. Dons, XXI, 404, 416, 429; XXII, 427, 467; XXIII, 534; XXIV, 449; XXVI, 437, 445, 463; XXVII, 429; XXVIII, 408; XXX, 468; XXXII, 462.

Rony (l'abbé). Communication, XXIX, 437.

Roques (Jean-Jacques). Son procès au tribunal révolutionnaire, XXIX, 160.

Rousselot (le Dr). Communication, XXII, 404. Nécrologie, XXIX, 441.

Rousset (Louis Damas du). Généalogie et armoiries, XXIII, 185.

Rousset (l'abbé Pierre). Nécrologie, XXX, 474.

Rouvres. Les jardins du château de Rouvres au quatorzième siècle, XXII, 157.

Rubat (Étienne). Député de Saône-et-Loire à l'Assemblée législative et au Conseil des Anciens, XXXII, 224; XXXIX, 60.

Rues d'Autun. Rues et égouts antiques découverts dans la tranchée de l'égout collecteur, XXI, 7. Découvertes archéologiques dans la rue de l'Arbalète, XXVI, 440, 463; faubourg d'Arroux, XXII, 427, XXV, 397; rue de la Bondue, XXII, 393; grande rue Chauchien, XXVIII, 393; rues des Cités, XXVI, 439, XXXI, 409, XXXII, 263; aux Cordiers, XXXI, 428, 429; de la Croix-Verte, XXXI, 449, XXXIII, 275, XXXIV, 379, XXXV, 305; des Écoles, XXX, 445, XXXI, 409; de Gaillon, XXII, 435, XXIV, 449; avenue

de la Gare, XXXI, 427, XXXV, 366, XXXVI, 365 ; rue Guérin,
XXII, 422 ; boulevard Laureau, XXII, 427, XXIX, 439 ; grande
rue Marchaux, XXXV, 140 ; avenue et rue Mazagran, XXI, 410,
XXII, 427, XXVIII, 408, XXXI, 448, 449, XXXVIII, 398, 400 ; rue
du Petit-Pont, XXXI, 447 ; rue aux Rats, XXII, 460, 461 ; de la
République, XXVIII, 349, 388, 393, XXXII, 259, XXXVI, 365 ; de
Riveau, XXIII, 535 ; parc Saint-Andoche, XXXV, 135, 369 ; porte
Saint-André, XXX, 468, XXXVIII, 293, 415 ; faubourg Saint-
Jean, XXI, 403, XXVI, 463, XXXI, 450, XXXII, 416, XXXV, 366,
XXXVI, 277, 317, 382 ; place des Terreaux, XXXV, 376 ; près
du Théâtre romain, XXVI, 463, XXXV, 366. Hypocauste découvert dans une maison gallo-romaine du faubourg Saint-Jean,
XXXVI, 277, 382. La maison de Denis Poillot, rue Cocand, XXXVI,
327. Maison restaurée des quinzième et seizième siècles, grande
rue Marchaux, n° 27, XL, 423. Maison à la famille de Chalon,
rue de Riveau, XXI, 399. Peintures murales de la maison n° 3
de la rue de Riveau, XXXIX, 366. Pierre tombale des Clugny,
ayant servi de margelle de puits à la maison rue de Paris, n° 35,
XL, 424. Taque de cheminée du dix-septième siècle, provenant
de la maison n° 19 de la rue aux Cordiers, XL, 424.

Rully. Foyers de l'époque néolithique, XXXV, 367.

Rully (Patrice-Gabriel Bernard de Montessus, comte de). Député
de la noblesse du bailliage de Chalon-sur-Saône à l'Assemblée
constituante, XXXI, 162.

S

Sacramentaire. Analogies entre les Évangiles de Priim et le
Sacramentaire d'Autun, XXXI, 412.

Saint-Andoche d'Autun (Abbaye de). Élection de l'abbesse Louise
de Clugny, XL, 382.

Saint-André. Ordonnance sur le rétablissement des croix dans la
paroisse Saint-André d'Autun, XXXVI, 332. Origines du prieuré
de Saint-André de Luzy, XXII, 411.

Saint-Berain-sur-Dheune. Trois fiefs sur la Dheune, XXXVIII,
325.

Saint-Blaise. Monnaies trouvées au cimetière Saint-Blaise d'Autun,
XXII, 442.

Saint-Denis-de-Vaux. Sceau de la collégiale Saint Georges de
Chalon-sur-Saône, XXIV, 35.

Saint-Didier (Mme la marquise de). Legs à la Société Éduenne XXII, 440.

Saint-Émiland. Épée de cavalerie du seizième siècle, trouvée près de l'église, XXIV, 441. La légende de saint Émiland, XXXVIII, 81.

Saint-Firmin. Reliquaire, XXV, 105. La Tour de Champitaux, XXXV, 1.

Saint-Forgeot. Pierre tumulaire du quatrième siècle et chapiteau gothique, provenant de l'église, XXI, 415. Objets du haut moyen âge trouvés à Cressy, XXXIX, 412.

Saint-Gervais-sur-Couches. Note sur l'église, XXXIX, 301.

Saint-Innocent (le comte Gabriel de). Nécrologie, XXXIII, 371.

Saint-Jean-le-Grand d'Autun. Exercice du droit de gîte par les abbesses, XXI, 32.

Saint-Julien (Hugues et Pierre de). Généalogie et armoiries, XXIII, 107 ; XXII, 32, 73.

Saints-Jumeaux près Autun. Ancienne chapelle et son sceau du quatorzième siècle, XXIV, 465.

Saint-Ladre. Épisode de la Saint-Ladre à Autun en 1769, XXI, 424.

Saint-Laurent. V. *Tournus*.

Saint-Léger-de-Fougeret. Fouilles de Clinzeau, XXVIII, 423.

Saint-Marcel-de-Carreiret. Culte de saint Marcel et de saint Valérien, XXXVII, 347.

Saint-Martin d'Autun. L'église abbatiale avant sa reconstruction en 1741, XXXIV, 195. Les derniers jours, la mort et les obsèques de Robert Hurault, abbé de Saint-Martin d'Autun, en 1567, XXXV, 141. Tombe de Claude Patru, XXI, 420.

Saint-Martin-de-la-Vallée. L'église, XXXV, 288.

Saint-Martin-du-Lac. Ruines de Glaine, XXVII, 397.

Saint-Mauris-Montbarrey (Louis-Marie-François, prince de). Son procès au tribunal révolutionnaire, XXIX, 212.

Saint-Nizier-sur-Arroux. Monnaies espagnoles, XXVII, 425.

Saint-Pantaléon. Triptyque de l'église, daté de 1520, XXXIII, 353.

Saint-Pierre-l'Estrier. Christ en cuivre du quinzième siècle, XXV, 400. Inscription chrétienne d'Eufronia, XXXIX, 381 ; XL, 219. Inscription inédite sur un tombeau, XXII, 405. Sarcophage chrétien, provenant de l'ancienne église, XXIV, 429. Deux fragments de statues, XXX, 462.

Saint-Pierre-de-Macon. Armorial du chapitre noble des chanoines séculiers, nommés de 1559 à 1689, XXII, 1 ; XXIII, 93.

Saint-Pierre-de-Varennes. L'église, XXXV, 288. Monnaies découvertes dans le clocher de l'église, XXII, 441. Le château et les seigneurs de Brandon, XXVIII, 1. Sépultures découvertes près du château de Brandon, XXXIV, 389. Trois médailles de Domitien et un anneau trouvés au pied du mont Drevain, XXV, 408.

Saint-Roch. Monnaies trouvées au polyandre des Champs-Saint-Roch, près Autun, XXII, 442.

Saint-Sauveur. Carreaux de pavage en verre peint, provenant de la chapelle du prieuré, XXXVII, 397.

Saint-Sernin-du-Bois. Un prieur ignoré de Saint-Sernin-du-Bois, XXXIX, 359.

Saint-Symphorien-lès-Autun. Église Saint-Vincent, XXI, 407. Tablette de marbre, provenant de la basilique, XXIII, 527.

Sainte-Marguerite. Excursion de la Société Éduenne en 1903 ; XXXI, 315.

Sainte-Radegonde. Bénitier en pierre, provenant de l'église, XXXIII, 346. Sépultures gallo-romaines, XXVII, 396, 405, 410.

Salé (J.-B.). Son procès au tribunal révolutionnaire, XXVI, 389.

Saleilles (Raymond). Nécrologie, XL, 389.

Salignac-Fénelon (J.-B.-A. de). Son procès au tribunal révolutionnaire, XXIX, 223.

Salonin. Petit bronze à son effigie, XXXV, 305.

Salonine. Pièce d'or à son effigie, XXXVII, 371.

Salornay (Claude de). Généalogie et armoiries, XXIII, 113.

Sancy fils (Charles). Député du bailliage de Chalon-sur-Saône à l'Assemblée constituante, XXXI, 206.

Sancy (J.-B.). Député du bailliage de Chalon-sur-Saône à l'Assemblée constituante, XXXI, 204.

Sandre (Joseph). Dons, XXVI, 446 ; XXVII, 398. Mémoire, XXXI, 5.

Santiard (le Dr). Communication, XXXIX, 379.

Saône-et-Loire. Les accusés de Saône-et-Loire aux tribunaux révolutionnaires, XXVI, 279 ; XXVII, 85 ; XXVIII, 191 ; XXIX, 155. Les députés de Saône-et-Loire aux assemblées de la Révolution (1789-1799), XXX, 281 ; XXXI, 141 ; XXXII, 133 ; XXXIII, 181 ; XXXIV, 33 ; XXXV, 43 ; XXXVI, 121 ; XXXVII, 161 ; XXXVIII, 95 ; XXXIX, 23. État du département de Saône-et-Loire à la veille

du 18 brumaire, XL, 1. Observations météorologiques et pluvio-
métriques dans le département de Saône-et-Loire, XXXI, 413 ;
XXXIV, 368. Origine des paroisses rurales dans le département
de Saône-et-Loire, XXXVII, 33.

Sarcophages. Sarcophage chrétien provenant de l'église de Saint-
Pierre-l'Étrier, XXIV, 429. Sarcophage du haut moyen âge provenant de Dicnnes, XXVII, 408. V. *Sépultures*.

Sarrode de Mussy. Lieu d'origine de cette famille, XXXVIII, 416.

Sarron (François et Jacques-Hugues de). Généalogies et armoiries,
XXIII, 193, 220.

Sassenay (Claude-Henry-Étienne Bernard marquis de). Député du
bailliage de Chalon-sur-Saône à l'Assemblée constituante, XXXI,
151.

Sauvageot (Antonin). Nécrologie, XXI, 382.

Savigny-lès-Beaune. Excursion de la Société Éduenne en 1903,
XXXI, 315.

Saxe. La Bourgogne et la Saxe (1451-1454), XXV, 1.

Scaïole. Scaïole découverte dans le nouveau clocher de l'église
de Monthelon, XXI, 407.

Sceaux. Moulage du sceau de la régale sur l'évêché d'Autun en
1483, XXXV, 375. Sceau de Girard, portarius de la viérie d'Autun,
XXII, 453. Sceau du dix-huitième siècle aux armes de la ville
d'Autun, XXVIII, 393. Sceau en plomb d'une bulle du pape
Nicolas V, trouvé à Autun, XXI, 391. Sceau orbiculaire de la
chapelle des Saints-Jumeaux, près Autun, XXIV, 465. Note sur
le sceau de la collégiale Saint-Georges de Chalon-sur-Saône,
XXIV, 35. Sceau orbiculaire du seizième siècle, trouvé au cimetière d'Issy-l'Évêque, XXXVIII, 425. Sceau de Geoffroy, évêque
de Nevers, XXVII, 425. Cachet-sceau des aydes de la généralité
d'Orléans (dix-huitième siècle), XXVII, 411. Sceau de la justice
de paix de Couches, XXIII, 524.

Schneider (Eugène). Dons, XXVI, 446 ; XXVII, 442 ; XXXIII, 369.

Schneider (Henri). Notice biographique, XXVI, 137.

Sculpture. La technique de la sculpture bourguignonne au douzième siècle, XXXV, 391. Applique en marbre de l'époque gallo-
romaine, figurant un génie endormi, XXXI, 448. Applique en
marbre blanc au type socratique, XXXV, 366. Chien couché en
marbre blanc, XXXI, 448. Col et tête d'oiseau en pierre calcaire,
XXXI, 448. Écusson aux armes des Rolin, XXXIII, 369. Débris

antiques, trouvés à Autun, XXVIII, 393. Débris d'une décoration d'appartement en stuc, XXXIII, 369. Fragment de frise trouvé à Autun, XXII, 427. Fragment d'un marbre de revêtement avec feuillage en relief, XXXI, 448. Fragments de sculptures du tombeau de saint Lazare à la Cathédrale d'Autun, XXXI, 447 ; XXXIII, 369. Médaillon en terre cuite blanche représentant un buste de Diane, XXII, 427. Oiseau en terre cuite, XXVI, 453. Plaque en marbre, provenant de la villa romaine de Chantal, à Monthelon, XXVI, 445. Tête de chenet à face humaine, XXXI, 449. Sculptures provenant de la démolition de l'ancienne église de Broye, XXXVII, 394 ; de la tour de Grôme, XXXVI, 376 ; de la chapelle Poillot, XXIII, 518, XXXVI, 381. Socle de l'église de Monthelon, XXVIII, 424. V. *Appliques, Bas-reliefs, Chapiteaux, Colonnes, Écussons, Statues, Stèles.*

SEBILLE (le chanoine Louis). Dons, XXXV, 395 ; XXXVI, 370. Nécrologie, XXXVI, 360.

SÉGOILLOT (Jean-Philibert). Son procès au tribunal révolutionnaire, XXVI, 334.

SÉMINAIRE (Grand) d'Autun. Aureus d'Auguste trouvé en 1894, XXIII, 516. Les vols de Libri à la bibliothèque, XXVI, 458. V. *Bibliothèques, Bredault, Collectaire, Guilliaud, Sacramentaire.*

SEMUR (René de). Généalogie et armoiries, XXII, 75.

SEMUR-EN-AUXOIS. Excursion de la Société Éduenne en 1908, XXXVI, 339. Monastère de la Visitation, XXIV, 386.

SEMUR-EN-BRIONNAIS. Chapelle de Montmegin, XXXV, 288. Église de Saint-Martin-de-la-Vallée, XXXV, 288.

SEPTIME-SÉVÈRE. Aureus à son effigie, XXX, 479.

SÉPULTURES. Sépultures gallo-romaines d'Aloxe-Corton et de Sainte-Radegonde, XXVII, 405. Sépulture de Chassenard, XXX, 371. Sépultures découvertes à la Fontaine-Noire, commune de Dezize, XXXIV, 392 ; sur l'emplacement de l'ancienne église de Marmagne, XXXVII, 372 ; près du château de Brandon, commune de Saint-Pierre-de-Varennes, XXXIV, 389. V. *Nécropoles, Sarcophages.*

SERPILLON (Nicolas). Notice biographique, XXIII, 529.

SEYTURIER (Alexandre, Charles, Jean et Pierre de). Généalogies et armoiries, XXIII, 138 ; XXII, 80 ; XXIII, 111 ; XXII, 64.

SIGILLOGRAPHIE. V. *Sceaux.*

Silex. Pointes de flèches provenant de l'oasis d'Hassi-Hinifel, XXI, 409.

Simon (l'abbé). Nécrologie, XXVI, 454.

Simonin (Marguerite), veuve de Jean Bertrand. Copie d'une inscription rappelant une fondation faite par elle, le 5 janvier 1632, dans l'ancienne église de Luzy, XXVII, 430.

Situle. Situle en bronze de la collection Loydreau, XXXV, 390.

Société Éduenne. Élections du bureau, XXVII, 399; XXX, 455; XXXIII, 343; XXXVI, 369; XXXIX, 379. Excursions, XXX, 399, 461; XXXI, 315; XXXII, 430, 478; XXXIII, 17, 354, 390; XXXIV, 329, 341; XXXV, 329; XXXVI, 339, 349; XXXIX, 401; XL, 401. Legs Piotet et subvention, XXI, 394. Médaille obtenue à l'exposition universelle de 1900, XXVIII, 395, 418; XXX, 471. Rapports sur sa situation en 1899, XXVII, 400; en 1902, XXX, 437; en 1905, XXXIII, 339; en 1908, XXXVI, 366; en 1911, XXXIX, 376; en 1912, XL, 422. Souscription à une plaquette frappée en l'honneur de M. Arcelin, XXXIII, 330. Vœu pour le maintien à Autun des bibliothèques et des collections des établissements ecclésiastiques, XXXV, 366. Visite de la Société préhistorique de France, XXXV, 380. Invitation aux fêtes du Millénaire de Cluny, XXXVIII, 417. Vœu contre le projet de loi sur les fouilles, XXXVIII, 427. Cinquantenaire de la fondation de la Diana, XL, 386. Impressions de voyage de W. Morton-Fullerton, XXXI, 438. V. *Hôtel Rolin* et *Musée de l'Hôtel Rolin*.

Société d'histoire naturelle d'Autun. Don, XXII, 460. Réception de M. Liard, XXX, 456.

Société des sciences historiques et naturelles de l'Yonne. Rapport sur les fêtes de son cinquantenaire, XXV, 355.

Sonnois (Mgr). Don, XXXI, 418.

Sorans (Charles-Henri de Rosières de). Son procès au tribunal révolutionnaire, XXVIII, 296.

Souberbielle (Jacques). Député de Saône-et-Loire au conseil des Cinq-Cents, XXXVIII, 117.

Soudan (Jules). Nécrologie, XXVIII, 397.

Spatule. Spatule en bronze de la collection Loydreau, XXXV, 390.

Spectacles. Les spectacles républicains à Autun pendant la Révolution, XXXVI, 283.

Statues. Bustes antiques en marbre et en pierre blanche, trouvés à Autun, XXIV, 449; XXII, 427. Buste en bois de saint Pierre,

XXXIV, 374. Fragment de pied en marbre, de l'époque gallo-romaine, XXXI, 448. Fragments de statues trouvés à Saint-Pierre-l'Étrier, XXX, 462. Groupe de quatre personnages accroupis ou agenouillés, XXXI, 448. Masque tragique en marbre, XXXI, 448. Masque de tête d'homme, provenant du tombeau d'un seigneur de Montperroux à l'église de Grury, XXXI, 447. Pied d'une statuette en pierre de l'époque gallo-romaine, XXXI, 449. Réduction en bronze du Moïse de Michel-Ange, XXXIV, 374. Réplique de l'Hermès de Praxitèle, XXIV, 428, 432. Réplique du Lutteur des thermes de Dioclétien, XXV, 377. Têtes antiques : en marbre, XXIII, 533 ; XXIV, 449 ; d'homme, XXXI, 448 ; d'homme ou de divinité, XXXI, 448 ; en pierre calcaire, XXVI, 463 ; d'homme de l'époque Constantinienne, XXXI, 448. Têtes de femme au type de Niobé, XXXV, 366 ; d'homme rapportée de Vaison, XXXV, 366 ; d'une statuette de Philoctète, XXXI, 448. Têtes d'ange en bois, XXXII, 488 ; en pierre calcaire, XXXI, 448 ; du dix-septième siècle, XXX, 468. Têtes en pierre d'évêque mitré, XXXI, 447 ; de moine pleurant (treizième siècle), XXXVII, 395. Torse de femme, XXXV, 366 ; autre torse antique, XXII, 435. Tronc de statuette en marbre de l'époque gallo-romaine, XXXI, 448. Statues de sainte Catherine en marbre, au musée de l'Hôtel Rolin, XXVIII, 423 ; de Divitiac, à Autun, XXI, 395 ; XXII, 454 ; de saint Jean-Baptiste, au musée de l'Hôtel Rolin, XXXV, 398 ; de sainte Marthe, sainte Marie-Madelaine et saint André au musée lapidaire d'Autun, XXIX, 437 ; de Notre-Dame-du-Regard à la Petite-Verrière, XXV, 385 ; d'un saint provenant de l'église de Blanot, XXIX, 439 ; d'une sainte, provenant de la chapelle Saint-Laurent de Mondru, XXXVIII, 400. Vierge de la collection Bulliot, XXXV, 398. Vierges du seizième siècle, XXVIII, 408 ; XXX, 468. Vierge triptyque d'Anost, XXV, 384. — Bras de pugiliste en bronze, XXXII, 416. Bronzes antiques de la collection Loydreau, XXXV, 199, 389. Figurine de bronze découverte au mont Beuvray en 1905, XXXIV, 261. Figurine en terre blanche, trouvée à Autun, en 1897, XXV, 380. Lampe et statuettes gallo-romaines en bronze, trouvées à Autun, XXXVII, 277. Statuettes antiques trouvées à Autun : en bronze, de Mercure assis, XXXIII, 275 ; d'un petit sanglier, XXVI, 463 ; en terre blanche, de Vénus, XXII, 460. Statuettes gallo-romaines du Mont, XXVII, 373. Statuettes-appliques en fonte, XXXI, 447. Statuette de déesse indienne Lachmi, XXXIII, 378 ; d'une femme drapée, en bronze, XXIX, 454. Statuettes en bois : de saint Georges, provenant de la chapelle de l'ancien château

— 76 —

de Visigneux, XXIX, 455 ; de la collection Bulliot, XXX, 488 ; en
bronze, provenant du baptistère de la collégiale Notre-Dame
d'Autun, XXI, 389 ; en fer, représentant saint Jean, XXIX, 453.

Statuts synodaux de Jacques Hurault, évêque d'Autun, XXVII,
437.

Stèles. Un type de stèles funéraires en pays éduen, XXX, 251.
Stèles funéraires, trouvées à Brazey-en-Plaine, XXVII, 410 ; à
Broye, XXI, 419 ; à Marmagne, XXVII, 410 ; à Monthelon, XXI,
423 ; à Poil, XXIX, 448, 470. Stèle de la collection Loydreau,
XXXV, 390.

Stouff (Louis). Communication, XXXIV, 395. Dons, XXXII, 443,
462, 487 ; XXXIV, 377 ; XXXV, 393 ; XXXVI, 390 ; XXXVIII, 417.

Sully. Délibération des mainmortables en 1469 pour réparations à
l'église et au presbytère, XXXIX, 410. Excursion de la Société
Éduenne, XXX, 399.

Syagrius, évêque d'Autun et la mission de saint Augustin de Can-
torbéry, XXV, 395.

T

Tableaux. La Nativité de l'évêché d'Autun, XXXII, 437. Saint
Jérôme, de la collection du cardinal Perraud, XXXIV, 374. Le
tableau mortuaire de Simon de Vieuxchâteau au musée des arts
décoratifs, XXXV, 117. La tour de l'évêché d'Autun, XXI, 416.
Un guerrier gaulois au mont Beuvray, XXIV, 449. Triptyque
daté de 1520, à l'église de Saint-Pantaléon, XXXIII, 353.

Tabula lusoria, trouvée à Autun, XXIX, 145.

Talaru de Chalmasel (Edme-François et Hector de). Généalogies
et armoiries, XXIII, 160, 189.

Talleyrand-Périgord (Charles-Maurice de). L'épiscopat de Talleyrand, XXII, 83. Député du clergé du bailliage d'Autun à l'Assemblée constituante, XXX, 294. Deux documents inédits sur Talleyrand, évêque, XXXI, 345. Sa démission de l'évêché d'Autun, XL,
381.

Talleyrand-Périgord (comtesse de), née de Senozan de Viriville.
Son procès au tribunal révolutionnaire, XXVII, 181.

Taque. Taque de cheminée du dix-septième siècle, XL, 424.

Tatepoyre (Jacques), premier recteur de l'hôpital de Dracy-Saint-
Loup, XXVIII, 388.

TAUPENOT (Gaspard). Son procès au tribunal révolutionnaire, XXVIII. 328.

TAVERNAY. Triens mérovingien trouvé à Varolles, XXXVI, 373.

TEILLARD (le Dr). Nécrologie, XXXI. 400.

TEISSÈRE (Pierre-André). Son procès au tribunal révolutionnaire. XXVI, 400.

TEISSIER (Charles-François). Son procès au tribunal révolutionnaire, XXVIII, 264.

TERREAU (LE). Excès des guerres de religion au Terreau, de 1569 à 1593, XXXVIII, 415. Rivalité des seigneurs de Villiers et du Terreau au seizième siècle, XL, 398.

TERRET (l'abbé Victor). Communication, XXXV, 391. Dons, XXVI, 436 ; XXX, 487.

TESSÈRE de bronze à l'effigie de Magnence, XL, 425.

TÉTES. V. Musée de l'Hôtel Rolin, Statues.

TÉTRICUS. Petit bronze à son effigie, trouvé à Auxey, XXI, 416.

THÉÂTRE. Note sur la moralité de Mundus, Caro, Demonia, représentée à Autun en 1507, XXI, 249. Les spectacles républicains à Autun pendant la Révolution, XXXVI, 283.

THENAY (Alexis et Marc-Hilaire de). Généalogies et armoiries, XXIII, 165, 184.

THENOT (Henri). Nécrologie, XXXV, 361.

THÉSUT (Guillaume de). Son procès au tribunal révolutionnaire, XXVI, 413.

THIARD (Henri-Charles, comte de). Son procès au tribunal révolutionnaire, XXVII, 179.

THIERRAT DE CRUZILLES (J.-B.). Son procès au tribunal révolutionnaire, XXVIII, 272.

THIOLLIER (Noël). Mémoire, XXVI, 249. Don, XXVII, 410. Médaille décernée par l'Académie des Inscriptions. XXIX, 452.

THOISY-LA-BERCHÈRE. Excursion de la Société Éduenne en 1912. XL, 401.

TOISON (LA). La châtellenie de la Toison, XXXIV, 13.

THOMAS (Edme). Exemplaire de la première édition de son Histoire de l'antique cité d'Autun, XXIII, 536.

THOMAS (S. Em. le cardinal). Nécrologie, XXII, 436.

THY (la comtesse de). Don, XXVIII, 406.

TIBÈRE. Moyen bronze à son effigie, trouvé à Autun, XXVII, 410.

Tinet (Georges). Son procès au tribunal révolutionnaire, XXIX, 155.

Tixier-Damas. Origine du nom, XXI, 401.

Tombes. Tombe en marbre de Claude Patru, provenant de l'abbaye de Saint-Martin d'Autun, XXI, 420. Pierre tumulaire du quatrième siècle, provenant des fondations de l'église de Saint-Forgeot, XXI, 415. Pierre tombale des Clugny, ayant servi de margelle de puits à la maison rue de Paris, n° 35, à Autun, XL, 424. Fragment d'une tombe du quinzième siècle trouvé à Remilly, XXI, 391. V. *Épitaphes, Stèles.*

Tombeau de saint Lazare à la cathédrale d'Autun. Description de 1705, XXXIV, 183. Fragments conservés au musée de l'Hôtel Rolin, XXXI, 447; XXXIII, 369; XXXIX, 376.

Tonduti de la Balmondière. Une famille mâconnaise pendant la Terreur, XXXVIII, 424.

Torcy (Jean de), seigneur de Monay et d'Ocle, XXXIX, 360.

Torses. V. *Musée de l'Hôtel Rolin, Statues.*

Toulon-sur-Arroux. Mesure en calcaire trouvée dans les ruines du château, XXII, 425. Note sur les foires, XXX, 464.

Toulonjon (Claude, Gabrielle et Françoise de). Notices biographiques, XXV, 81, 79, 76.

Toulouse. Manuscrit d'origine éduenne à la bibliothèque de Toulouse, XXVIII, 404.

Tour. La Tour du Bost, XXVIII, 111; XXIX, 371; XXXI, 247; XXXIII, 97. La Tour de Champitaux, XXXV, 1.

Tournelle-en-Morvan (La). Mémoire sur la terre de la Tournelle, rédigé en 1771, XXIX, 355.

Tournus. Classement de la chapelle carolingienne de Saint-Laurent de Tournus, XXXII, 469; XXXIII, 370.

Travaux Publics dans le département de Saône-et-Loire à la fin du Directoire, XL, 62.

Tremeau (Louis). Dons, XXV, 398; XXXII, 461; XXXIII, 346; XXXIV, 362, 377; XXXVII, 399; XXXVIII, 425.

Trémoille (La). Complot de La Trémoille contre le chancelier Rolin, XXX, 486.

Tribunaux. Les accusés de Saône-et-Loire aux tribunaux révolutionnaires. XXVI, 279, 282, 309; XXVII, 85, 186; XXVIII, 191; XXIX, 155.

Triptyque. Triptyque daté de 1520, à l'église de Saint-Pantaléon, XXXIII, 353.

Tronchin. Manuscrits du médecin Tronchin, XXII, 404.

Troufflaut (le chanoine). Un exemplaire de la première édition de l'Histoire de l'antique cité d'Autun, par Edme Thomas, provenant de sa bibliothèque, XXIII, 536.

Truchis (Francois-Louis de). Son procès au tribunal révolutionnaire, XXVIII, 267.

Truchis (Vicomte Pierre de). Mémoire, XXXV, 279.

Truchot (l'abbé Pierre). Nécrologie, XXXVIII, 386.

Tupinier (Jean). Député de Saône-et-Loire au Conseil des Anciens, XXXIX, 45.

Turrel (Pierre). La première édition de son *Compulus novus*, XXXIV, 289.

Tutela. Note sur une inscription votive à la déesse Tutela, gravée sur une base de statue trouvée à Autun, XXXIX, 321, 387, 396, 399.

Tuyère romaine, découverte entre Mézilles et Toucy, et tuyère du mont Beuvray, XXIV, 429, 431.

U

Uchon. Une fille de France, reine de Navarre, à Uchon, d'après une enquête de 1378, XXXIX, 1.

Université. Autunois reçus docteurs de l'Université de Ferrare aux quinzième et seizième siècles, XXX, 445.

Urne. Urne estampillée Hennius, XXXIV, 379.

Usage. Note sur le droit d'usage dans la forêt de Planoise, XXIV, 41.

V

Val-Saint-Benoît. Excursion de la Société Éduenne, XXX, 399. Le prieuré du Val-Saint-Benoit, XXXV, 207 ; XXXVI, 223, 364 ; XXXVII, 123 ; XXXVIII, 153. Applique circulaire en bronze, XXV. 407.

Valat (Georges). Communications et Mémoires, XXXV, 310 ; XXXVI, 51, 317, 327 ; XXXVII, 317. 351, 385 ; XXXVIII. 303, 428 ;

XXXIX, 301, 353, 375, 410 ; XL, 73, 381, 386, 425. Compte rendu
de sa thèse : *Poursuite privée et composition pécuniaire dans
l'ancienne Bourgogne*, XXXV, 398. Dons, XXXV, 398, 402 ;
XXXVI, 371, 375, 385 ; XXXVIII, 402 ; XXXIX, 375, 381, 396, 412 ;
XL, 400, 428.

Valérien (Saint). Culte de saint Marcel et de saint Valérien,
XXXVII, 347.

Valin (Guy et J.-B. de). Généalogies et armoiries, XXIII, 174,
169.

Valois. La Bourgogne sous les ducs de la Maison de Valois, (1361-
1478), XXIX, 33 ; XXX, 85.

Varenne (La). V. *Igornay*.

Varenne (Burignot de). V. *Burignot de Varenne*.

Varennes (Jacques, Philibert et Renaud de). Généalogies et armoiries, XXIII, 102, XXII, 60, XXIII, 134.

Varolles. Triens mérovingien trouvé en 1908, XXXVI, 373.

Vases. Vases en bronze découverts à Chassenay, XXIV, 437. Vase
cinéraire trouvé à Étang-sur-Arroux, XXII, 434. V. *Poteries*.

Vaudelin (J.-B.). Député de Saône-et-Loire au Conseil des Cinq-
Cents, XXXVII, 232.

Vaulx (Gilbert-Palamède de). Nécrologie, XXXI, 420.

Vauryon (Antoine de). Généalogie et armoiries, XXIII, 98.

Vautheau. La seigneurie de Vautheau, XXXIII, 87.

Verchère de Reffye (Hugues-François). Député du bailliage
d'Autun à l'Assemblée constituante, XXX, 359.

Vergennes (Jean-Charles et Charles-Bonaventure Gravier de).
Leur procès au tribunal révolutionnaire, XXVII, 170.

Verger (Henri). Don, XXI, 421. Nécrologie, XXIII, 526.

Vernée (Jérôme de La). Pierre de fondation dans l'ancienne église
de Luzy, XXVII, 430.

Vernet (Francisque). Communication, XXII, 432.

Verosvres. Excès des guerres de religion à Corcheval et au Terreau,
de 1569 à 1593, XXXVIII, 415. Rivalités des seigneurs de Villiers
et du Terreau, au seizième siècle, XL, 398.

Verre. Moule orbiculaire d'un pied de calice en verre, XXII, 442 ;
XXVII, 47. Verre doré de la collection Bulliot, XXV, 394. Verres
gravés et dorés des premiers âges chrétiens, trouvés à Autun,
XXVI, 452. Carreaux de pavage en verre teint, XXXVII, 397.

Verrerie. Note sur l'origine de la houillère et de la verrerie d'Épinac, XXXI, 117.

Verrière (La Grande). La seigneurie de Vautheau, XXXIII, 87.

Verrière (La Petite). Note sur un aureus de Domitien, trouvé à La Bussière, XXXVII, 345. Statue de Notre-Dame du Regard, XXV, 385.

Vespasien. Monnaie à son effigie, trouvée près du temple de Janus à Autun, XXXVI, 389. Moyen bronze, XXV, 386.

Vézelay. Excursion de la Société Éduenne en 1904, XXXII, 430.

Vieillard-Baron (Prosper). Nécrologie, XXXVIII, 380.

Vierge. Statue triptyque de l'église d'Anost, XXV, 384. Vierge de la collection Bulliot (observations de M. Kleinclausz et de M. Paul Vitry), XXXV, 398. Vierges du seizième siècle, XXVIII, 408 ; XXX, 468.

Viérie. Note sur l'emplacement de l'auditoire de la viérie d'Autun en 1425, XXIX, 69. Identification du lieudit le Chêne-Robin, châtellenie de la viérie d'Autun, XXXI, 440. Sceau de Girard, portarius de la viérie d'Autun, XXII, 453.

Vieuxchateau (Simon de). Son tableau mortuaire au musée des arts décoratifs à Paris, XXXV, 117.

Viguier (Le P. Jacques). Extrait manuscrit de sa *Décade historique du diocèse de Langres*, XXXVI, 361.

Villapourçon. Étymologie du nom, XXIII, 527.

Villard (Mgr). Dons, XXXVI, 361, 369, 375 ; XL, 384.

Villefosse (Antoine Héron de). Communications, XXII, 412 ; XXV, 377. Dons, XXI, 404 ; XXII, 414 ; XXXI, 450. Compte-rendu de *La vie et l'œuvre de J.-G. Bulliot* par A. de Charmasse, XXXIII, 401.

Vincent (Saint). Église à Saint-Symphorien-lès-Autun, XXI, 407.

Virely (André). Compte-rendu de son livre : *René-Charles Guilbert de Pixérécourt (1773-1844)*, XXXVIII, 416. Don, XXXVIII, 417.

Virey (Jean). Don, XXXII, 461.

Virot (Joseph). Son procès au tribunal révolutionnaire, XXVI, 405.

Viry (Charles-Octave Arthaud de). Nécrologie, XXIX, 445.

Visigneux. V. *Lucenay-l'Évêque*.

Visitation. Les monastères de la Visitation Sainte-Marie dans le diocèse d'Autun, XXII, 295 ; XXIII, 241 ; XXIV, 301.

Vitrail. Vitrail prétendu à l'effigie du cardinal Rolin, XL, 387.

Vogüé (le Marquis de). Compte-rendu de son livre : *Une famille Vivaroise*, XXXVI, 383 ; XL, 427.

Voies. Voie d'Agrippa ou de Brunehaut hors d'Autun, XXVIII, 389. Recherches sur la voie Aurelia de Rome à Arles, XXVI, 436. Vestiges de voie romaine au Pont-l'Évêque près d'Autun, XXVI, 434.

Voiret (Claude). Son procès au tribunal révolutionnaire, XXIX, 263.

Voyages de Courtépée dans la province de Bourgogne, en 1776 et 1777, XXI, 63 ; XXII, 211 ; XXIII, 71.

X

Xavier (René). Communications, XXXIX, 395 ; XL, 382. Don, XXXVIII, 418.

Y

Yonne. Cinquantenaire de la Société des sciences historiques et naturelles de l'Yonne, XXV, 355. Note sur l'assistance publique dans le département de l'Yonne, XXX, 496.

Z

Zuan (Rodolphe). Legs et nécrologie, XXII, 438.

ERRATUM

Page 362, à l'article Autel, *lire* XXVIII, *au lieu de* XXI.

9 782329 731100